5分钟爆笑古人

写给孩子的中国史

·唐代篇·

历史的囚徒 ◎ 著

石油工业出版社

图书在版编目（CIP）数据

5分钟爆笑古人. 唐代篇 / 历史的囚徒著. -- 北京：石油工业出版社, 2021.3

ISBN 978-7-5183-4383-6

Ⅰ.①5… Ⅱ.①历… Ⅲ.①中国历史—唐代—青少年读物 Ⅳ.①K209

中国版本图书馆CIP数据核字(2020)第244647号

5分钟爆笑古人·唐代篇
历史的囚徒　著

出版发行：石油工业出版社
　　　　　（北京安定门外安华里2区1号100011）
　　网址：www.petropub.com
　　编辑部：（010）64523616　64252031
　　图书营销中心：（010）64523731　64523633
经　　销：全国新华书店
印　　刷：北京中石油彩色印刷有限责任公司

2021年3月第1版　2021年4月第2次印刷
710毫米×1000毫米　开本：1/16　印张：10.5
字数：100千字

定价：39.80元
（如出现印装质量问题，我社图书营销中心负责调换）

版权所有，翻印必究

自 序

这是我的第一套写给孩子的书，觉得自己肩上的责任沉甸甸的。于是，我去请教了一些大人物。易中天老师很坦诚很直接，他跟我说："童书难写。因为作者总喜欢从自己的视角来臆想孩子的世界。"我暗自揣度这句话，可能很多人太自作聪明，写下了一堆自以为是而孩子并不需要的东西。

孩子的特点是什么？单纯、天真，想象力丰富，但判断力欠缺。我之所以敢鼓足勇气尝试为孩子写书，是因为觉得自己还保有这份天真。是的，天真，不仅是打开这个世界的钥匙，也是不断丰富自己、完善自己的必由之路。

可惜的是，随着年龄的增长，很多人失去了这种天真。世界的存在，并不是为了让我们变得深奥和世故，而是为了恢复人类的初心。一个不了解历史、不热爱历史的人，很难真正了解社会，也无法彻底了解自己。

我们每天都在经历历史，它是一个完整的时间流，也有很多精彩的剖面。杰出人物是影响历史航向和人类精神文明世界的人，他们的成功之道，各有不同。依我看，他们能实现个体的价值并留在历史上，主要有以下两个原因。

一是善良。这三年来，我查阅大量史料，写过上百个人物，出版了三本畅销书。我发现，绝大多数成功者，是善良的，是厚道的。就像我在郭子仪那篇文章里说的，"所有成功，缘于厚道"。单靠小聪明和厚黑学获取的，绝非人生成就，只是蝇头小利。心怀悲悯，对人宽容，不计较一城一池者，才能最终走出人生的狭窄小巷。这方面的出色代表，有晋代田园诗人陶渊明、唐代形象代言人李白、宋代文学盟主苏东坡等。

二是坚强。人一定会经历逆境的，如何从逆境中成长是每个人都必须解决的人生课题。逆境中的奋起，永远比顺境中的成就更打动人，因为人的精神力量无限。如果能从生活的打击中寻得出路，这个人就会更强大，就会更勇于挑战。这方面的成功案例很多，基本上每个有所成就的历史人物，都是如此。

出版这套历史书的目的，不是功利地告诉孩子什么是成功或如何获取成功，而是呈现给他们历史的浩瀚、人类精神的博大，引导他们进入一个全新的境界。

通过阅读这些历史人物故事，孩子自然会得出自己的结论。他们自主探索得出的结论，比我们强行灌输给他们的，效果要好得多。热爱阅读历史的孩子，会感受到古人的人格魅力，在潜移默化中不断校正自己的人生航向。

此外，我总是努力让自己笔下的人物变得有趣，至少叙述上变得有趣。即使是大人物，历史留给他们的版面，通常也少得可怜。绝大多数古人是无声无息的，所以，历史注定是悲凉的，但我们可以把它放到快乐的瓶子里。看历史、悟人生、见真心，应该是一件快乐的事。

本书中呈现的10位唐代人物，主要来自政坛、诗坛和军事领域。他们各有特点，独具魅力。甚至可以说，他们的经历和才华只能产生于唐代。他们的故事和性格，正是我们探知唐代运行规律的一个入口，也就是人们常说的"窥一斑而知全豹"。

清代思想家龚自珍说，"出乎史，入乎道"。这个"道"就是规律。希望看过这个系列，孩子们能提升学习历史的浓厚兴趣，增强思考力、辨别力、自信力和行动力。

目 录

李世民

1

生得伟大，死得窝囊

李世民（约598-649年）：出生于陕西省武功县，军事家、艺术家、皇帝。座右铭：权力是一种慈善。

骆宾王

17

从神童到"杠精"

骆宾王（约638-？年）：浙江义乌人，著名神童、诗坛"初唐四杰"之一。座右铭：人要有骨气，做真实的自己。

武则天

31

盛唐最该感谢的人

武则天（624-705年）：名曌，先后做过才人、皇后、皇帝。座右铭：所谓成功，就是从第一集活到最后一集。

李白

47

唐代形象代言人

李白（701-762年）：别名李太白，爱写诗、爱喝酒、爱行侠仗义。座右铭：不是你的永远不是你的，是你的也将不是你的。

杜甫

63

最老实的人最成功

杜甫（712-770年）：河南巩义人，身体不太健康，性格十分内向，跟李白在一起时除外。主要作品有"三吏""三别"《杜工部集》。

王维

81

出世入世状元郎

王维（701-761年）：山西运城人，长得特别帅气，是位诗人、画家、音乐家，还是位大唐科举状元。

杨玉环

97

美人输给江山

杨玉环（719-756年）：中国古代四大美女之一，爱好跳舞、赏花、吃荔枝。临终遗言：大唐衰落，与我何干？

郭子仪

113

所有成功，缘于厚道

郭子仪（697-781年）：陕西渭南人，军事家，安禄山的"克星"，担任唐朝宰相多年。人生格言：除了厚道，还是厚道。

129 白居易

一个合格的"京漂"

白居易（772-846 年）：河南新郑人，唐代三大诗人之一，代表作有《长恨歌》《卖炭翁》《琵琶行》等。

143 黄巢

一个落榜生的逆袭

黄巢（820-884 年）：山东菏泽人，先后做过盐商、农民起义领袖。历史成就：极大消耗唐朝国力，令唐朝名存实亡。

李世民

生得伟大，死得窝囊

姓　　名	李世民
庙　　号	唐太宗
生　　卒	约 598-649 年
出 生 地	陕西省武功县
民　　族	汉族（带点鲜卑族血统）
职　　业	军事家、艺术家、皇帝
别　　名	天可汗（"天下之主"）
身体状况	可能患有消化道疾病和高血压（遗传）
座 右 铭	权力是一种慈善

来听故事吧

前半生，差点打了满分

李世民堪称天降神人，智商情商都很高。

他出身军人世家，练得一身好武功，那是专属军人的血性。14岁的时候，李世民作为娃娃兵带头人，就随父亲到处打仗。

他力大无比，最爱的兵器是一张两米长的巨阙天弓，能百发百中（估计射雕没什么问题）。

他艺高胆大，打仗的时候，还经常只带一个警卫员去火线侦察。虎牢关战役时，他曾对大将尉迟恭说："我拿着弓箭，你持槊（shuò，一种兵器）相随，百万大军又奈我何？"

他才华横溢，曾经写过一首《威凤赋》，主要写创业艰难，感谢大家云云。这篇作品，字里行间写满了坦诚。因为他自喻凤凰，排名又是老二，所以他给自己起了个小名：二凤。后来，他还主持改编过大型歌舞类节目《秦王破阵乐》。

他善于决断。本来在起兵反隋这件事上，父亲李渊还有些犹豫。李家曾帮隋炀帝打高丽，镇压山西农民起义，几千里智取突厥，受命镇守太原。615年，李渊与李世民还赶到山西忻（xīn）州雁门关，营救被突厥人包围的隋炀帝杨广。搏杀之勇、忠诚之情，令隋炀帝很是感动。当时谁也没想到，后来李渊李世民父子会成为隋朝的掘墓人。

经不住李世民不断怂恿，李渊才决定起兵。没想到超常顺利，起兵后,各地一呼百应,仅用了9个月,起事即告成功。这种创业的效率,在历史上也是没谁了。

照理说,李世民能力出众,贡献又大,他当太子,没有悬念。可李渊上台后,却开始昏招频出。

他不顾反对,执意按照宗法制度立大儿子李建成为太子。李建成也有军功,但跟二弟李世民比起来,可以忽略不计。

或许,李渊觉得自己控制不住李世民。但他不知道,自己种下了一个什么样的种子。玄武门事变,只是其恶果之一,之后大唐两百余年间,发生了无数的政变。

整整8年,李建成的太子位从来没坐稳过。为了自保,李建成和四弟李元吉结成同盟,多次组织暗杀活动,通过各种手段来削弱李世民的兵权。

626年6月底的一天,李世民被下毒,吐血不止。一再退让的李世民,终于下定决心,对大哥和四弟下手。

7月,他命人在长安城玄武门埋伏,杀死了两个兄弟。这就是历史上著名的"玄武门事变"。

血案之后,李渊不得不立李世民为太子。诏书大意为:"以后全国大小事务,先由秦王决定,报给我知道一下就行了。"事实上,新太子已经成了当时权力最大的人。

不久,在极度痛苦之中,李渊在太极宫长生殿召见了新太子李世民。

李渊连续责问:"为什么!为什么!为什么!"

李世民回答说:"这么多年,我一直拿他们当家人,可是他们一直想害我!"

李渊冷笑道:"你为什么不连我也解决了?"

李世民拱了拱手说:"虽然父皇失信在先,但我对您是崇拜的。没有父皇,就没有世民,更没有大唐。"

李渊的泪水在眼睛里打转,摆了摆手:"朕老了,现在是你们的世界了。"

两个月后,李渊退位,自称"太上皇",李世民正式登场。

如果不是主动发起玄武门事变,李世民的前半生几乎可以打满分。

李世民 生得伟大，死得窝囊

小小文曲星

《秦王破阵乐》

唐代著名的歌舞大曲，最初是唐初的军歌。620年，秦王李世民打败叛军刘武周，声望达到了顶点，他的部下以旧曲填入新词，为李世民大唱赞歌。

李世民登基后亲自把乐曲编成舞蹈，经过宫廷艺术家的加工整理，成为庞大的、富丽堂皇的大型乐舞，婉转动听，高昂且富号召力。

曲目进行到高潮，大鼓震天响，传声上百里，气势雄浑，感天动地。

"皇帝俱乐部"里的超级劳模

登基前，他是勇敢的战士；登基后，他是一个勤奋的皇帝。打仗的时候英明神武，做皇帝他也毫不含糊。

他执政的23年，堪称中国封建社会最辉煌的时期。

他是一个工作狂，节假日从不休息。

隋朝的盛极而亡，是他推进工作的最大动力。

在军事上，由于从小就与西北少数民族交手，李世民深感安定边境的重要性。登基后，他征讨四方，先后平定了突厥、回纥、高昌、焉耆、龟兹、吐谷浑等，因此也被西域诸国尊为"天可汗"，也就是天底下最大的主儿。

最为人称道的是，他十分重视人才，喜欢听取他们的意见。按他的说法，"天下共治之"。

其实，一个最高权力的拥有者，要克制自己的欲望是很难的，也很少有人愿意对他们说真话。李世民不一样。他认为，大臣的意见很重要，领导如果充耳不闻，就不会有好下场，于是他广开言路。

他亲自选派都督、刺史等地方官。为了掌握情况，他命人把重要官员的功过写在卧室的屏风上，作为升降奖惩的依据。

他的工作效率很高，经常在深夜召见五品以上官员，了解民间疾苦。答不上问题来的官员，要被"打屁股"。

由于他的开明和严格，各级官员为政谨慎、薄赋尚俭。国家走出隋末的战火和痛苦，得到了充分的休养生息。李世民即位的时候，全国只有290万户人口，20多年后，达到380万户。

长安成为当时世界上最大、最繁华的商业城市之一。"夜不闭户，路不拾遗"，形容的就是这个时期。在他执政第六年的腊月，李世民特批全国390名死刑犯回家团聚，办理后事，来年秋天再回来受刑。结果，所有囚犯都如期回到了监狱，无一逃亡。

李世民很高兴，认为在自己的治理下，连犯人都有底线、明事理、知羞耻。他的骄傲，是有道理的。

一个好领导，是由无数个好下属成就的。李世民的用人标准，是唯才是用。

他的谋士中，有房玄龄、杜如晦、长孙无忌、杨师道、褚遂良等，个个忠直廉洁、独当一面。李世民不计前嫌，重用旧太子李建成旧部，如魏徵、王圭，还有以前在军事上的对手，如尉迟恭、秦琼等。

一般而言，皇帝听到有人批评自己，多少都会心里不舒服，所以言官们都是比较谨慎的，而李世民在这方面做到了极致。

"爱卿看看，我还有什么做得不好的？"这句话，几乎成了他的口头禅。他唯一的要求，是各级官员进谏，要言之有物、言之成理，不能凭空乱说。群臣的积极性被空前调动。

最有名的当属魏徵。魏徵的口才极好，主意又多。据说，一年能给李世民提200次意见，基本上是两天一次。应该说魏徵真的很较真，在公开场合，他多次当面批评李世民。

李世民也不生气。这对君臣成了1000多年来人们口耳相传的一段佳话。

为了表达对人才的重视，当上皇帝后，他亲自出面，请当时最著名的画家阎立本为"凌烟阁二十四功臣"画像，为他们树碑立传，让他们光耀千秋。

李世民知人善任，用人唯贤。如果没有李世民的人才政策和多年经营，绝不会有唐高宗、武则天、唐玄宗年间的盛世。

人才，乃是大唐崛起的关键，也是李世民最宝贵的遗产。

就连李世民的妻子，也是一个优秀的人才。

15岁的时候，李世民就结婚了，妻子是长孙氏，前隋右骁卫将军之女，8岁就没了父亲。她非常要强，后来成了李世民事业上的助手。

长孙氏是个历史学家，尤其善于借古喻今，指出丈夫的失误，保护了很多敢于直言的大臣。大唐崛起的"军功章"，也有她的一半。

成语新知

房谋杜断

房玄龄总能提出精辟意见和具体办法，但往往不能做决定，而杜如晦决断迅速且有力。房、杜二人，一个善计谋，一个善决断，所以叫作"房谋杜断"。

小鸟依人

唐太宗曾说，褚遂良在学问方面大有长进，性格很刚直，对朝廷忠心，对他很有感情，平时一副小鸟依人的模样，让他很是怜爱。

李世民 生得伟大，死得窝囊

夫取法于上，仅得其中；取法于中，不免为下

效仿高超精湛的学识、技艺等，只能达到中等水平；效仿水平一般的学识、技艺，不免只能达到下等水平了。意思是，学习的对象越领先越完美，效果越好。

嗑"进口药"导致医疗事故

其实，每个人都有烦恼，皇帝的烦恼不比普通人少。李世民在晚年，过得很痛苦。

困扰他的，首先是继承人的问题。

643年，当朝太子李承乾谋反。这个太子是他与长孙皇后所生，特别得宠。怎么处置这个孩子，他左右为难。

他终于理解了父亲李渊当年的心情。

按大唐律，谋反者当死。但李世民实在不舍得，最后只是将李承乾贬为庶人。后来废太子死在荒凉的黔州（今重庆）。

其次是健康问题。

众所周知，李世民长得很胖，生活条件又优渥，难免患上心脑血管病之类的疾病。

他年轻的时候，谁都不信，只信自己。

执政后期，他在行为和思想上都发生了巨变。之前的戒惧和自我克制之心逐渐放松，享乐思想抬头。

随着身体状态下降（这是当时的医疗水平不能左右的），他开始恐惧、开始流泪，面对老臣，经常止不住眼泪。

同时他开始尝试吃丹药。

这是所有皇帝的职业病——幻想长生不老。

可能还有一个转折点。史料记载，642年前，他特别喜欢外出打猎，大家都可以看到他灿烂的笑容。但是从643年开始，一直到649年去世，他只外出打猎过一次。

有人说，这是因为大唐跟高丽交战，他御驾亲征，身负箭伤，导致身体出现了很严重的问题。

甚至也有人说，太子承乾被废，魏王泰被黜，对他的刺激很大，他一度想自杀。

但是，这么一个心理强大的人，至于吗？

为摆脱痛苦，李世民开始吃药石，还吃上了进口药石。

去世前一年，有大臣向他推荐天竺国（今印度）的一名方士。该方士长须飘飘，吹嘘自己已经活了200岁，又声称这个世界上有长生之术。这明显是谎言，高智商的李世民却信了。

649年春天，经过那位方士近一年的"攻关"和研发，洋丹药出炉。久病的李世民形容枯槁、气若游丝，毫不犹豫，一口吞下。

没想到就是这剂被寄予厚望的丹药，让他病情加重。两个月后，李世民在含风殿永远告别了这个世界。

他曾经是战场上最勇猛的君王，也是最能跟人打成一片的皇帝。但在时间面前，他败得彻底，败得体无完肤。不过，世人将永远铭记李世民和他开创的"贞观之治"。

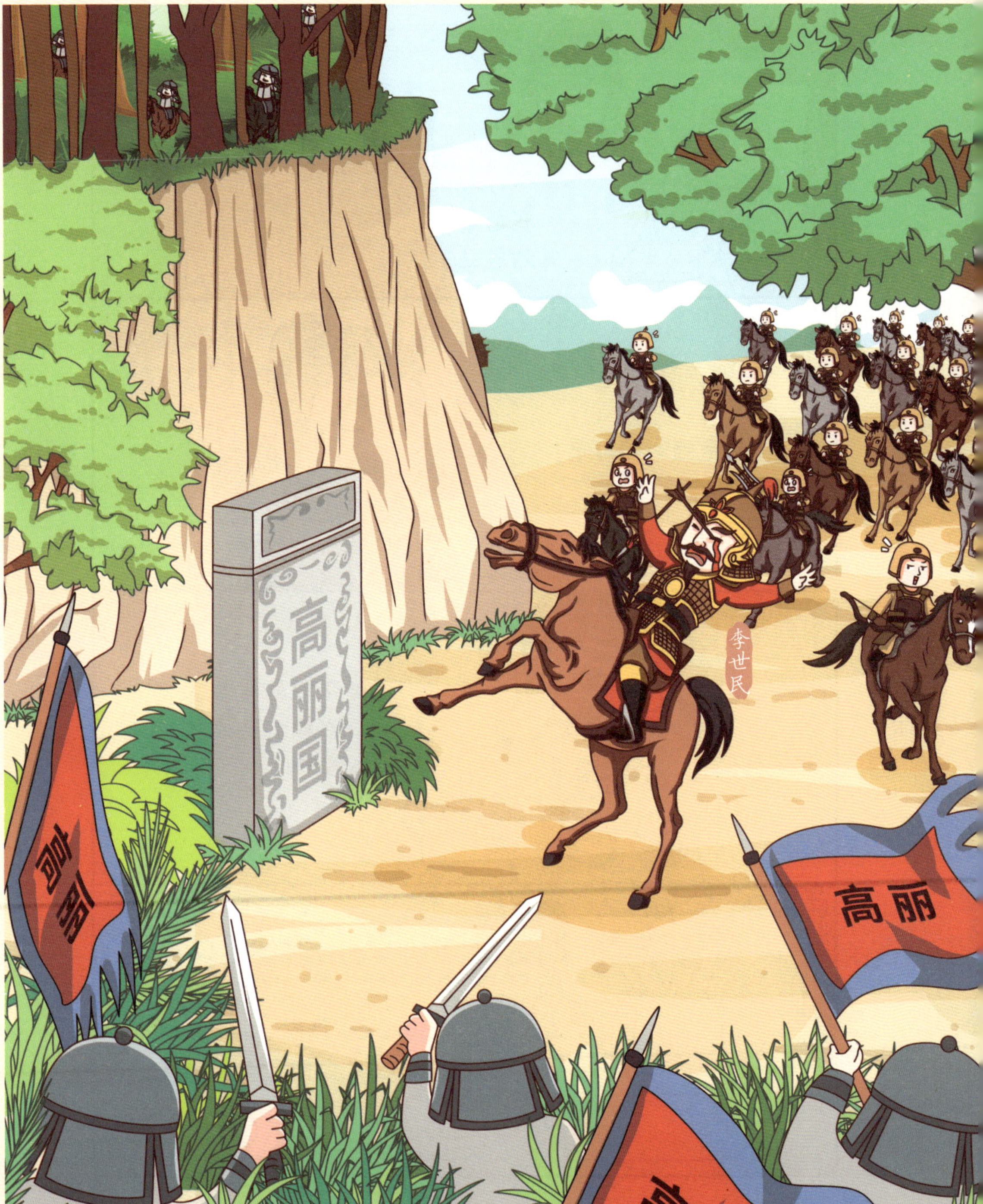

高丽国
李世民
高丽
高丽

① 我国古代记录帝王的言行录，皇帝一般无权查看。

李世民 生得伟大，死得窝囊

八卦对话

< 玄武门那点事儿

| 李世民 | 李渊 | 李建成 | 李元吉 | 长孙皇后 | 尉迟恭 |

李渊
> 世民，怎么你还建了这么一个群，家丑不可外扬啊。

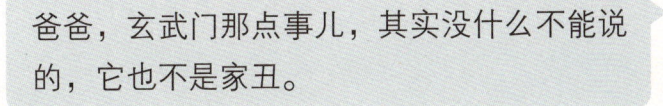

李世民
> 爸爸，玄武门那点事儿，其实没什么不能说的，它也不是家丑。

李建成
> 俗话说"成王败寇"，二弟，你赢了，想说什么都行啦！

长孙皇后
> 我可以作证，夫君如果不在玄武门采取行动，可能活不过两个星期，建成和元吉分分钟要他的命。

5分钟爆笑古人 唐代篇

李元吉
都是建成的主意，我死得好冤啊！

尉迟恭
你还死得冤？

李建成
四弟，你就别说了，我更惨啊！

李世民
谁让你们逼我的？我差点让你们俩毒死。

李渊
真不知道你们三兄弟前辈子结了什么仇！

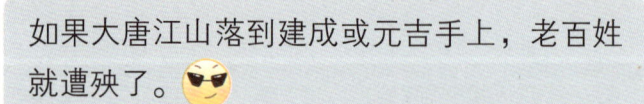

李世民
如果大唐江山落到建成或元吉手上，老百姓就遭殃了。

李渊
这么说来，玄武门代表的不是丑恶，还成了一段英雄事迹的纪念碑了？

长孙皇后
是可以这么说。

李世民 生得伟大，死得窝囊

尉迟恭
是可以这么说。

李世民
在他们手上，大唐可能像秦王朝那样，二世而亡。

李渊
……

李元吉
快被你气死了。

李建成
快要气死了+1。

李世民
大家都是一家人，不要这么小气啦。

李世民
恭喜发财，大吉大利
查看红包

李渊
你们别吵了，世民做皇帝，确实为李家长脸了。👍

5分钟爆笑古人 唐代篇

李世民
没有玄武门发生的事情，我做皇帝也不会那么拼命，那么不惜代价。

李渊
孩子，你受委屈了！

李渊"拍了拍"李世民

长孙皇后"拍了拍"李世民

来听故事吧

骆宾王

从神童到"杠精"

姓　　名　　骆宾王

别　　名　　骆临海

生　　卒　　约638-？年

籍　　贯　　浙江义乌

性　　格　　细腻中带点粗犷，温柔中带点暴躁

兴趣及特长　　写诗、怼人

最喜欢的明星　　孔融

最喜欢的动物　　鹅

代表作品　　《为徐敬业讨武曌檄》《帝京篇》《咏鹅》

荣　　誉　　著名神童、诗坛"初唐四杰"之一

座 右 铭　　人要有骨气，做真实的自己

来听故事吧

我是神童我怕谁

一代诗圣杜甫曾写道:"王杨卢骆当时体,轻薄为文哂未休。尔曹身与名俱灭,不废江河万古流。"意即"初唐四杰"的文章,被人们取笑轻薄,如今取笑它们的人都灰飞烟灭了,它们却万古流传。

大家可能没有意识到,"初唐四杰"对中华诗坛的贡献到底有多大。唐代以前的很多所谓"诗人"写出的作品题材狭隘,以艳诗为主,要么空洞,要么蹩脚。

这么说吧,如果没有"初唐四杰",后来有可能不会出现李白、杜甫、白居易等巨星璀璨、竞相争辉的大场面。"初唐四杰"在关键节点上,发挥了关键作用。说他们是唐代诗坛先行者、引路人,并不过分。

而骆宾王是他们中最有个性的一位,流传至今的作品多达百余篇。

如果说骆宾王的一生是根丝线,那这些作品,就是被丝线串起来的闪光的珍珠,里面有他的精神世界,有他的喜怒哀乐。

小时候,骆同学是名"网红",是活泼向上的大唐小"花朵"。他确实有与其他孩子不一样的地方,那就是他对文字的极佳把握能力。

随口吟出一首《咏鹅》,就流传千年。如今的孩子不会背诵这篇作品,都不好意思说自己是中国娃。

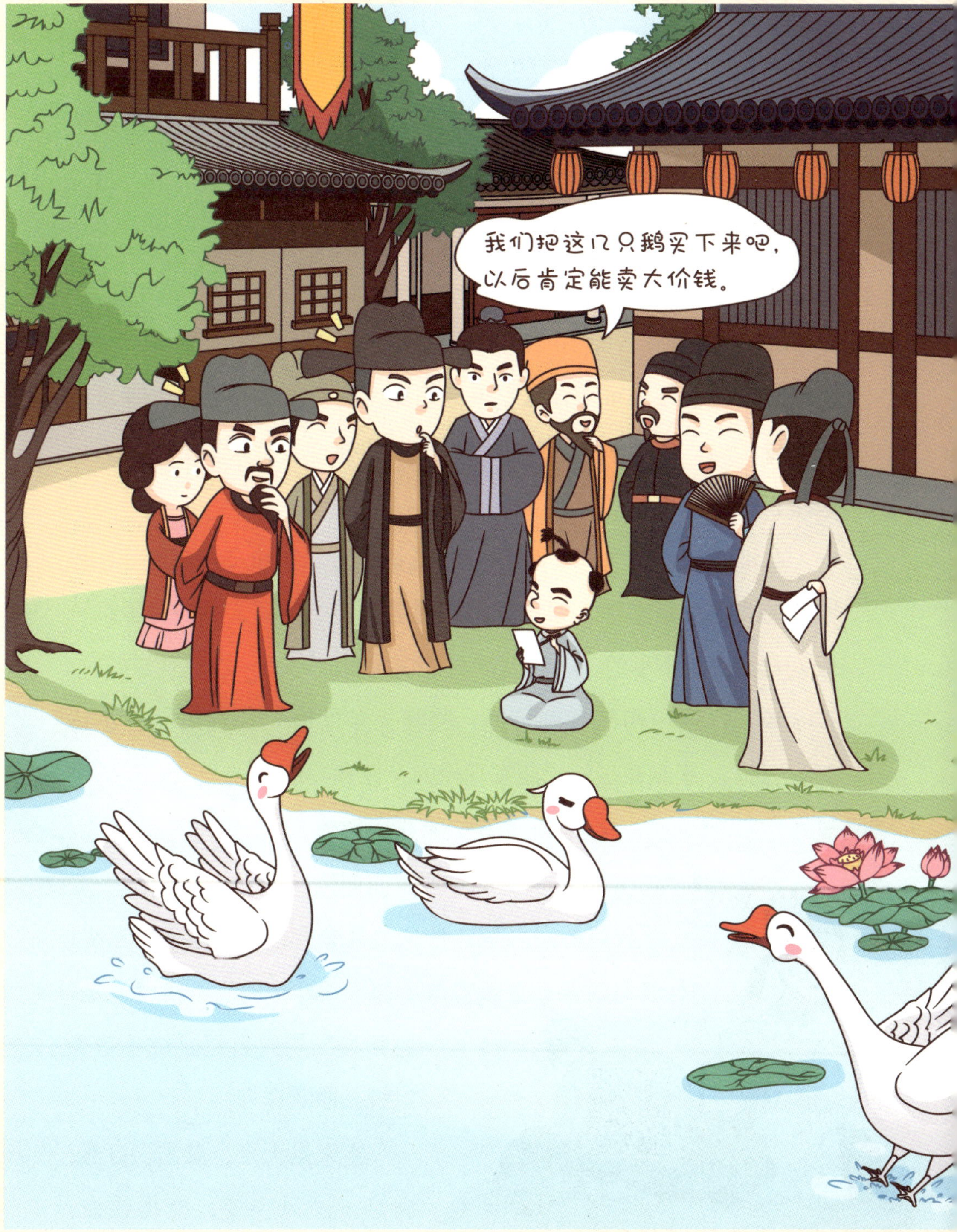
我们把这几只鹅买下来吧，以后肯定能卖大价钱。

鹅，鹅，鹅，曲项向天歌。

白毛浮绿水，红掌拨清波。

短短18个字，充满童趣，画面感十足，还易于传唱，秒杀诸多搜肠刮肚、绞尽脑汁的读书人。如此清丽脱俗的诗句，由一个7岁的孩童即兴创作（没有大人帮忙），不是奇迹，又是什么？

什么都别说了，这就是天赋。

写出《咏鹅》后，骆宾王就有了一个人人羡慕的身份——神童。

中华民族几千年来，有很多老糊涂，也有不少小神童。神童们的人生结局，各不相同。作为因诗出名的神童，骆宾王走的是另一条路。

有谁想过，这个孩子成年后会是一个疾恶如仇的"杠精"？他唯一的武器就是文字，如疾风，如闪电，排山倒海，冲向对手。一般人是绝对受不了的。

其实，这一切都有迹可循。骆宾王年幼时，还写过一首小诗《玩初月》，于细微之处更能发现他的个性和棱角。

忌满光先缺，乘昏影暂流。

既能明似镜，何用曲如钩。

这首诗的意思是：月亮啊月亮，你既然能那样光明，为什么有时候，会长得像个钩子一样弯曲呢？潜台词是，他骆宾王要做自己，决不趋炎附势、曲意逢迎。

本来是天真、温柔、自然、满足，画风突变，变得铁血、硬核、坚韧、固执。生命的底色，彻底改变。没人知道原因，也许他本身，就是一个矛盾体。

《咏鹅》《玩初月》两首诗，令骆宾王名震江湖。出道即是巅峰啊！谁都知道，山东博昌（当时骆父任职的处所）出了个小神童。

据说县太爷是老文青，特意命人将这两首作品刻到县衙的照壁上。他特别骄傲——我们县，也是有才子的！

中国历史上的神童

1. 项橐（tuó）：7岁那年"三难仲尼"，一连串的发问，令孔子不由得连连慨叹："后生可畏，我当拜你为师！"

2. 甘罗：堪称中国历史上最年轻的谋臣。12岁便请命出使他国，因贡献奇计，使秦国不费吹灰之力得到十几座城池，后被尊为上卿。

3. 孔融：以年幼时就懂"让梨"著称，更以年幼时借诗词反驳当时的学术权威陈韪（wěi）闻名。

4. 曹冲：曹操之子。生性聪慧，五六岁的时候，智力就和成人相仿。史上留有"曹冲称象"的典故。

5. 骆宾王：一首《咏鹅》，成为中国广为传诵的诗作。创作此诗时，年仅7岁。

6. 方仲永：宋人。相传，5岁时忽然索要笔墨，当即写出一首四言诗，并且署上自己的名字。

怼天怼地怼空气

在众人羡慕嫉妒恨的目光下，骆宾王继续蜕变，个性十足。成年后，他写过一首著名的送别诗，非常短小，却极其悲壮。

于易水送人

此地别燕丹，壮士发冲冠。

昔时人已没，今日水犹寒。

此诗一看，就有一种"茫茫人生我独行"的郁愤。著名诗人闻一多由此评价骆宾王："天生一副侠骨，专喜欢管闲事，打抱不平、杀人报仇、革命，帮痴心女子打负心汉。"

这也不难理解，为什么成年后的骆宾王，敢于公然与上司叫板。不是一两次，而是长期的习惯性对抗。

天赋异禀的人很容易恃才傲物，很难处理好人际关系。这一点，东汉末年的神童孔融与之神似。孔融敢于跟统治者作对，最后全家被曹操处死。

从小到大，骆宾王的率真从未变过。咏群鹅，他很真；写弯月，他很真；易水送别，他更是真情迸发。可是，"真"是把双刃剑，他因此性格而怀才不遇，生活潦倒。

纵观他的一生，虽然多次进入官场，却总是受到排挤，只是搞过"会务"，先后给几个县级领导当过秘书。

骆宾王 从神童到"杠精"

虽然不堪，但骆宾王从来没有向现实屈服。在侍御史任职期间，他曾经被人诬陷入狱，关了将近一年，幸遇大赦。

为了散心，他向有关部门申请，去边塞做守卫。时间够长，足迹够远。

初唐很多诗人去了西北国境线后，创作成果丰盛，比如陈子昂、苏味道、崔融、卢照邻。西域的广袤与旷达，同样令骆宾王眼界大开，把自己彻底从亭台楼阁和市井生活的"小我"中解放出来。他的诗句又增加了一些尚武进取的气息，既有地理视野，又有历史情怀。

这里摘抄几句，可以体会一下："不求生入塞，唯当死报君。""晚色依关近，边声杂吹哀。""晚风连朔气，新月照边秋。"

是不是看到了一个血脉偾张、双目圆睁、青筋炸裂的骆宾王？西北边境的广阔天地令他的境界和气场上了一个新的台阶。

"骂人专业户"也有粉丝团

骆宾王的名字,源于《易经》中的观卦:"观国之光,利用宾于王。"意思是,观仰大国风范,适宜追随君王。

客观说,这名字真的不错,寄予了家族长辈们的厚望。"君王之侧",这也是当时民众所能想象的极限了。

谁知道,他"违背"了家人的期许。骆宾王不仅没成为皇帝的追随者,反而到最后连皇帝都敢骂。

老年的他还干了一件大事,看起来应该是一生中最大的事,捅破天了。他与野心勃勃的军阀徐敬业一起,反对独裁女皇武则天。

虽然他没在官场上得到一丝额外的利益,但这不影响他对李唐王朝的深厚感情。他觉得武则天改朝换代,逆天而行,活该被骂。

他在这一时期的文学创作,达到了一个全新的高度。代表作,便是那篇传遍天下、刷屏网络、令武则天恨得牙痒痒的《代李敬业讨武曌(zhào)檄》。

檄文确实写得棒极了,值得好好诵读。看看里面的金句——

"虺(huǐ)蜴为心,豺狼成性。"

"人神之所同嫉,天地之所不容。"

"包藏祸心,窥窃神器。"

"喑呜则山岳崩颓,叱咤则风云变色。"

"请看今日之域中,竟是谁家之天下?"

就像一排迫击炮,让人毫无招架之功,这就是文字的巨大力量。

骆宾王 从神童到"杠精"

这篇檄文，堪称中国历史上"骂人文章排行榜"第一名。难怪看完文章，一向爱才的武则天沉默良久，忍不住痛骂手下："这么好的人才，为什么没有为我所用？"

武则天对反对者，从来不留情面，只有一个字：杀。

传奇的是，在徐敬业兵败之后，她的屠刀下，居然没有骆宾王。没人知道他是如何逃脱的，最后又去了哪里。只知道，骆宾王的一生，给人留下不少启示。从神童到"杠精"，他不断蜕变，但一直忠于理想、坚守真我。

活得如此真实畅快的人，总是不缺乏知己的。

唐中宗李显就是骆宾王的忠实铁粉。705年复位后，李显对骆老师念念不忘，专门下诏发动全天下读书人，一起来寻找骆宾王的文章诗句。效果很明显，后来一数，总共找到好几百篇。

作为大唐王朝的最高领导人，李显亲自写序，毫不吝惜溢美

5分钟爆笑古人 唐代篇

武则天： 一个写《咏鹅》的天才儿童，为什么现在成了杠精？

上官婉儿： 骆宾王就是成功太早了，有点盲目自信。

武则天： 婉儿，你是国内最知名的女作家，你觉得有可能特招骆宾王，让他来帮我写软文吗？

上官婉儿： 不能。陛下低估了他内心的嘚瑟劲儿，他这个人就是宁折不弯。

之辞："富有才情，兼深组织""磊落瑰丽，灵活之至"。

骆宾王有宗师风范，是很多大诗人的偶像。后来推崇并模仿骆宾王风格的读书人不少，看看他的粉丝团：张若虚、王维、高适、元稹、白居易……

他的文学成就，跟他不虚饰的个性密切相关。真实地过一生，其实很困难。美国作家马克·吐温曾表示：真实比虚幻，有时更令人陌生。

在生活的种种重压和挑战下，骆宾王最终挺住了。这是时至今日，他仍被记住的理由。他的故事，告诉我们什么道理呢？

在生活中，我们可以走得很慢，但一定不要迷失自己，更不要后退！

传　说

唐代诗人宋之问，流放途中曾游览杭州灵隐寺。

那天夜晚明月当空，他在长廊上漫步吟诗，挖空心思作出第一联："鹫岭郁苕峣，龙宫锁寂寥。"但他总觉得不太好。

寺内有个老僧点着长明灯，坐在大禅床上，问道："深夜不睡觉，在这里苦苦吟诗，到底为什么？"

宋之问答："弟子修业于诗学，刚才想赋诗以题此寺，无奈兴思不来，不得佳句。"

老僧问："为何不用'楼观沧海日，门对浙江潮'这两句呢？"

这两句诗遒（qiú）劲壮丽，宋之问十分惊讶。第二天再去拜访，却已找不到老和尚。

寺中僧人说："那位老僧就是骆宾王。"

5分钟爆笑古人 唐代篇

八卦对话

〈 人生一世，豪情二字

骆宾王　卢照邻　宋之问　王勃　杨炯　徐敬业

徐敬业
请问一下，大家都是写诗的，就我一个军人，在一个群里聊天合适吗？

骆宾王
徐帅，看看群名，你是个英雄，配得上"豪情"二字。

宋之问
骆老师，你是我的偶像啊，最爱你的《于易水送人》，每次背诵，总是泪流满面。😭

骆宾王
虽然你拥戴武后，我讨伐武后，但这不妨碍我们成为朋友，你的才华还是很不错的。

王勃
"初唐四杰"里，就数你最胆大，可最终你活得最长，有什么秘诀吗？

骆宾王 从神童到"杠精"

> 骆宾王
>
> 没有秘诀。人生都很短,又何必纠缠享寿几何?凡事率性而为,以手写心,这就够了。

> 杨炯
>
> 还没见过骆老师呢,您就失踪了……

> 骆宾王
>
> 我虽比你大好多岁,但你的作品我都读过,好好干,年轻人!

> 徐敬业
>
> 骆老师失踪,都怪我,举事没有成功。妖后实在太狠了!

> 宋之问
>
> 请注意用词,是天后,不是妖后,不要搞人身攻击。

> 徐敬业
>
> 宋之问,不是我说你,你真以为妖后看中了你的才华?她只是看你长得不寒碜!这个事,不接受反驳。

> 宋之问
>
> 长得帅不是我的错。

骆宾王
> 你们二位不要吵,都是过去的事了。坐下来说几句掏心窝的话,就那么难吗?

王勃
> 这个确实很难!

卢照邻
> 这个确实很难!

杨炯
> 徐将军,你知道吗?你造反后,我伯伯和堂兄都被处死,我也受到牵连,被贬到了四川……

徐敬业
> 怪我咯?

徐敬业
> 也许我退出,大家可以聊得好一点。

徐敬业退出群聊

来听故事吧

武则天

盛唐最该感谢的人

姓　　名　武曌（zhào）
别　　名　武则天、武媚、武后
出 生 地　四川广元
生　　卒　624-705 年
职　　业　皇后、皇帝、政治家、诗人
性　　格　毒辣

最满意的作品　千年无字碑
座 右 铭　所谓成功，就是从第一集活到最后一集

来听故事吧

从小就是"人精"

武则天的家族很有投资眼光，在倒卖木材赚到大钱后，就产生了政治诉求。武家早期资助过唐朝开国皇帝李渊的革命工作，既出人又出钱，而且是完全自愿的。当时李渊出差在外，为确保人身安全，经常偷偷住在武家。

唐朝建立之后，武则天的爸爸武士彟（yuē），因此获得重赏，官至工部尚书，封应国公。唐太宗即位后，武士彟又历任豫州、利州等地都督，都是有实权的岗位，是结结实实的回报。

但是武则天的童年，过得并不幸福，她经常被家里的哥哥们虐待。后来，周围的小孩也都开始欺负她。

她的妈妈姓杨，四十余岁时嫁给武士彟，两年后"高龄"生下武则天。

635 年，武士彟病死在荆州大都督任上，享年 59 岁。杨氏立即被武氏家族的男人们扫地出门。同时被赶走的，还有她的三个女儿（武家当时特别重男轻女）。

杨氏其实很有来头，她父亲是隋朝宰相杨达，曾经风光无限。可那已是过去的辉煌、消逝的高贵。

杨氏带着三个女儿，租了个很小的房子，艰难度日，吃了上顿没下顿。武则天小小年纪，就经历了人间冷暖、世态炎凉。

可是人世间的磨难有个好处，它能让人的意志变得坚定，眼光也格外敏锐。正是从那个时候开始，武则天就暗下决心：不仅要努力活下去，还要活得比别人更精彩。

被驱赶的经历令她很没有安全感，她开始积累与人斗争的经验，在生活的夹缝中寻得活路。后来，曾有人总结武则天成功的原因，说她特别善于交际，性格又极其坚毅。

除了现实生活中的拼搏，武则天的一生，由各种传奇故事组成。相传，她刚出生的时候，就发生了件非常神秘的事情。

当时，著名天文学家、火井令（高级算命先生）袁天罡（gāng）给武家的孩子们看相，他抱着襁（qiǎng）褓（bǎo）里穿着男孩衣裳的小则天仔细看了看，脸色大变。他惊讶地说："龙瞳凤颈，富贵之极。"之后，他又小声对武士彟说了句："若是女，当为天子。"

武爸爸听后，吓出了一身冷汗。

中国宫斗总教练

武则天长大后，果然很不一般。

636年，唐太宗李世民最钟爱最敬重的皇后长孙氏去世。为填补感情空虚，他在民间大量选妃。

14岁的武则天入宫。但在长达12年的时间里，她一直没有得到李世民的临幸，地位一直停留在入宫时的五品"才人"上。

人比人，气死人。与武则天同一天入宫的徐惠，因为李世民的宠幸，不过几年时间，便由"才人"升到"婕妤"，再由"婕妤"升到一品"充容"，将武则天远远甩在后面。

武则天不服气。有人说，其实李世民早已见过武则天，也垂涎她的美貌。可是他很忌惮这个女孩，因为宫外一直盛传，今后乱大唐者，为一武姓女子。其实，李世民只要杀光武姓的后宫女子即可，但他一直没动手。至于为什么，没有人知道。

或许，李世民的内心，一直记得武则天刚进宫时的一次对话。那次对话，令他对这个女孩刮目相看。

当时有人献给李世民一匹少见的烈马，名叫"狮子骢"，就是说它像狮子一样凶猛，难于驯服。

李世民问计于人，没有一个人能搞定。

这时，刚过14岁生日的武则天站出来，不急不缓地说："妾能制之，然需三物：一铁鞭，二铁挝，三匕首。铁鞭击之不服，则以铁树捶其首，又不服，则以匕首断其喉。"

一句话，便道出了在驯马过程中，铁鞭、铁树和匕首的作用。

久经沙场的李世民望着稚气未脱的武则天，倒吸一口凉气。这话从一个14岁的女孩口里说出来，确实很血腥、很恐怖。

中国历史上，后宫的斗争十分残酷，很多女子为了自保，不得不告别温婉，走向狠毒。不过，武则天是个例外，她的起点很高，从小就心狠手辣。

武则天能走上人生巅峰，除了她的自身条件，与李世民的接班人李治也有关系。

皇位本与李治无缘，但因为之前的太子谋反，其他皇子又很强硬，最后李世民看中的，反而是柔弱善良的李治。

李世民认为，李治做皇帝，其他皇子的安全有保障，接班引起的震荡最小。可是他漏算了一个人，那就是武则天。

在他病重期间，李治已经开始与大自己4岁的武则天眉来眼去。李治当上皇帝后，孝服一过，便不顾众臣反对坚持把在感业寺当尼姑的武则天接回皇宫。

她能顺利入宫，与当时的皇后王氏有关。王氏担任皇后那样的重要职务多年，肚子一直不见动静，后宫老大的地位也遭到得宠的萧淑妃的极大挑战。所以她急于让武则天入宫，联手对付母因子贵的萧淑妃。

武则天时年28岁，已经蹉跎了不少青春。长年遭冷落，李世民驾崩后，她还要相伴青灯古佛，安静了，也更冷了。

她是个狠角，刚入宫，不顾肚子里的孩子，就展开了凌厉的攻

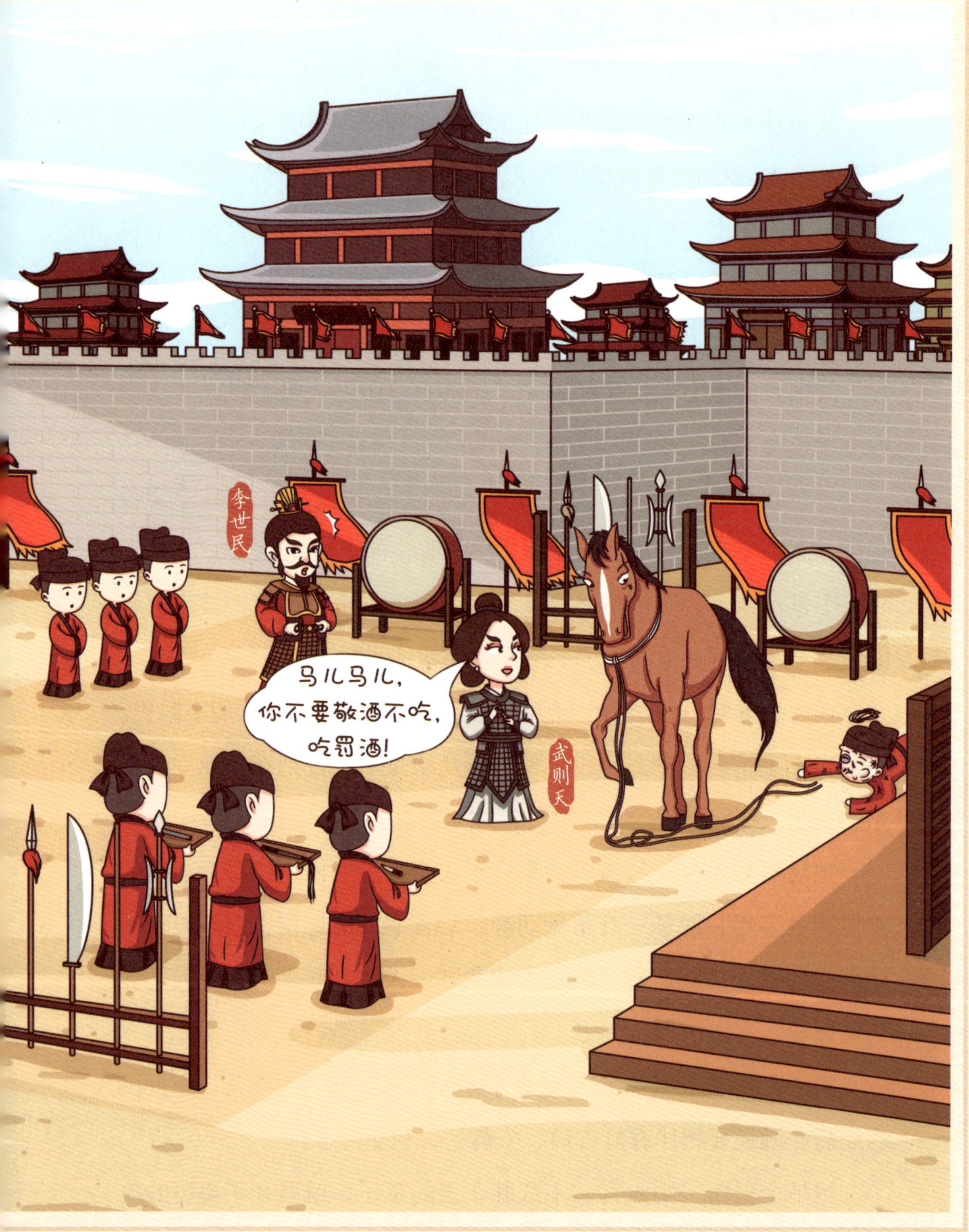
李世民
马儿马儿，
你不要敬酒不吃，
吃罚酒！
武则天

势。在她的助攻下，萧淑妃火速败下阵来。

接着武则天开始对付王皇后。史上有个传说，可信度颇高。有一次，王皇后去看望刚生下女婴的武则天，皇后离开后，武则天亲手掐死了自己的亲生女儿，嫁祸给王皇后。

王皇后虽然一生坚持斗争，但碰到这种情况，也傻眼了。李治从此对王皇后十分厌恶，直至废后。

武则天的筹码，是带血的。敢拿骨肉来宫斗，这不是每个后宫女子都能做到的。

王皇后被废之后，武则天的风头之劲连深爱她的李治也颇感威胁。

李治身体欠佳，不能保证正常工作。在这种情况下，武则天的话语权越来越强，很多老臣牢骚满腹。最严重的一次，李治火冒三丈，命人立即起草废后诏书。刚写到一半，武则天闻讯赶来。

她很清楚自己的处境，当然她更了解李治的个性，于是她当场演了一场戏。这场戏，应当是中国表演史上的殿堂级作品。

她跪在地上痛哭不止，回忆了与李治共同奋斗的岁月以及坚守爱情的不易。她这一哭让李治也泣不成声，把责任都推给了上官仪等大臣，两口子和好如初。

比90%的男皇帝优秀

660年，李治的身体每况愈下，几乎失明，朝廷事务由武后裁决。武则天确实很聪明，不管是对人心的观察，还是对政事的把握。

683年年末，李治驾崩，临终遗诏：太子柩前即位，军国大事有不决者，问计武则天。

为了进一步做好登基舆论准备，武则天躲在幕后，导演了一场"万人请愿"的好戏，就是暗中动员几万人大签名，写血书，请求武则天上位，当皇帝。

百姓有所呼，朝廷有所应。690年农历九月初九，六十余岁的武则天，在6万军民的"拥护"下，正式坐上龙椅，改国号为周。她是中国历史上登基年龄最大的皇帝，也是唯一的女皇帝。

不过说起来，武则天治理国家的水平，一点也不比那些男皇帝逊色。

她很善于学习，在李世民身边待了12年，学了12年，长时间的宫斗为她积累了丰富的经验。而李治因健康原因放手让她干预政治，又让她的才华有了用武之地。

扳倒关陇集团，是武则天在政治上的第一桩大功劳。自魏晋南北朝以来，中国皇帝的权力就受到大地主大门阀的限制。就连之前开创"贞观之治"的伟大皇帝李世民也颇受掣（chè，拉拽）肘，因为关陇集团的头号人物长孙无忌便是长孙皇后的亲哥哥，动不

得。能把这块大石头搬开,足见武则天的政治手腕。

为了培养人才,同时填补关陇集团留下的权力真空,武则天大幅度提高了科举考试的录取率,大批穷人的孩子有了一展才华的机会。著名史书《资治通鉴》评价武则天:"政由己出,明察善断,故当时英贤亦竞为之用。"

李世民当皇帝的时候,一共录取了205名进士,武则天时期上升到了1000多人。她上任的第一年还亲自在皇宫里与考生进行答问,这就是中国科举"殿试"的由来。

武则天也是一个发展经济的能手,她爱惜民力,减少赋税,也很少对外用兵,这与爱打仗的李世民很不一样。652年的户口数为380万户,在武则天退位的705年时,增长到615万户。这在古代是一个很快的增长速度。

当然，一个女人要想把一个国家治理好，难度是很大的。为控制朝政和国内舆论，从686年开始，武则天就重用周兴、来俊臣、索元礼、刘光业等酷吏。他们滥用刑罚、残害无辜人士，同时研制了很多专案工具，颇有创造性。

比如铜匦（guǐ，小箱子），就是那个时期发明的。发明时间：686年；专利所有人：鱼保家（鱼承晔之子）。简单介绍一下，那是一个四面开口的意见箱，中有四隔，以受表疏，可入而不可出，分别由不同的人员管理，及时收集上报。是不是特别有创意？

这样的发明，在武则天掌权时期，层出不穷。公元7世纪的最后30年，堪称发明的大时代。催生这些文明的人，就是一代女皇武则天。

可以毫不夸张地说，没有武则天，就没有随后长达半个世纪的中国封建社会最巅峰的盛唐。她的孙子唐玄宗享受的，正是她的政治遗产和经济成果。

中国历史上再没有任何一个女人，能够像武则天那样，引起人们的强烈兴趣。她身上，集合了太多富有传播力的因素：权力、财富、杀戮、美貌、背叛、逆转、女权……

14岁开始，她就开始活在聚光灯下，直到80多岁离开这个世界。她自信而迷茫，温柔而狠毒。

她的生命跨越公元七、八两个世纪，历经太宗、高宗、中宗、睿宗四朝。她当过皇后，做过皇帝，一生经历无数风雨，绝对前无古人、后无来者。她在磨难中实现了辉煌，在本来无路的地方，硬是劈开了一条路。

死后，她留给世人诸多悬念。其中之一，便是矗立在她墓前的、重达百吨的无字碑。

让我们闪回武则天14岁那年。当她走到那匹烈马面前的时候，摸着它的脑袋，说了两句话。

"你不会白死的。"

"生而为人，对不起！"

解读无字碑

1. 历史学家范文澜认为，武则天觉得自己功高德大，远非文字能表达，故立无字碑。

2. 岑仲勉、吕思勉等史学家认为，武则天自知罪孽重大，与其贻笑后世，不如只字不镌（juān，雕刻）。

3. 武则天认为，功过是非应当由后人去评价。这与郭沫若诗句中"权衡女帝智能全"的用意相吻合。

4. 武则天离世后，继位的唐中宗李显不知如何称呼这位"武周"女皇。他曾被废而复立，立无字碑是为了让她难堪。

5. 武则天死后恰逢政局动荡，人们无暇关注此事，争议又多，最后不了了之。

武则天
狄仁杰
现在全国已经没人敢乱说您执政的事了。
很好，我们目前的任务是发展经济。
来俊臣已经判处了周兴，接下来怎么办？
随便找个理由，解决掉来俊臣。

武则天 盛唐最该感谢的人

八卦对话

< 请叫我媚娘

| 武则天 | 李治 | 狄仁杰 | 袁天罡 | 上官婉儿 | 骆宾王 |

李治
媚娘，这个群能不能改名字？不是只有朕才能这么叫你的么？Sweet

武则天
暂时想不到更好的名字。

李治
好可爱！

李治
媚娘，你现在在哪里呀？

武则天
正在上班呢。

武则天
紫微宫
神都洛阳西北隅

43

5分钟爆笑古人 唐代篇

武则天
袁天师也在群里啊，出来说两句呗！

袁天罡
哈哈，我说得没错吧，天后还是小婴儿的时候，我就预测她能当皇帝。

骆宾王
真是乌鸦嘴！

李治
我代表大唐感谢你，媚娘，没有你，就没有盛唐。告白气球

骆宾王
皇上，您怎么能说这样的话，她那是大逆不道啊！惊呆了

武则天
姓骆的这家伙是怎么溜进来的？会写文章了不起吗？看我不打死你！

上官婉儿
天后，这是臣的疏忽。他答应进群只说好听的，结果……

武则天 盛唐最该感谢的人

武则天
罢了罢了，文人就喜欢过嘴瘾。

上官婉儿
特别感谢天后提携，如果不是您，我还在掖廷赎罪。

武则天
小姑娘身上有一股倔劲儿，让朕看到当年的自己。

狄仁杰
天后，上官婉儿那次抗旨当斩，可是陛下只在她额头上刻字意思了一下，恐怕有损陛下威信呀！

上官婉儿
狄仁杰，你想说什么？

李治
我觉得我媳妇做得对。谁都会做错事，谁都需要被原谅。

骆宾王
请看今日之域中，竟是谁家之天下！

上官婉儿：呸！你懂不懂？这是老天爷的选择。

武则天：我还是喜欢写《咏鹅》的骆宾王，唉……😔

狄仁杰：天后英明！天后万岁！

上官婉儿：天后英明！天后万岁！

武则天：我可是为大唐操碎了心。

李治：好媳妇，你辛苦了！

骆宾王：🤢

骆宾王退出群聊

来听故事吧

李白

唐代形象代言人

姓　　名	李白
别　　名	李太白（其实有点黑）
雅　　号	青莲居士（也有不少人叫我诗仙，呵呵）
生　　卒	701-762 年
籍　　贯	四川绵州
海外背景	有（但从来没被敌对势力利用过）
自我定位	诗人、酒鬼、前公务员
江湖评价	特敏感、好吹牛、人来疯
爱　　好	写诗、舞剑、旅游、交友
特　　长	喝白酒、喝红酒、喝清酒、喝米酒
座右铭	不是你的永远不是你的，是你的也将不是你的

来听故事吧

酒入豪肠：50吨酒可不是白喝的

李白是家中12个孩子中最小的，很得父亲李客宠爱。

据说李家是汉朝"飞将军"李广的后裔，后来为了躲避政治追杀，不得已从老家陇西成纪（今甘肃省秦安县西）搬到万里之外的碎叶城（今吉尔吉斯斯坦境内）。

李白5岁的时候，他们一家历经千辛万苦，穿越重重大山，把家搬到四川绵阳。为什么搬到这个地方，没人说得清楚。

父亲教李白学习文化知识，希望他日后能有出息，成为大唐的正能量。

赞颂李世民的《秦王破阵乐》下乡演出团也曾到过绵阳。李白看过演出后，从此爱上了舞剑。

再后来，他身上有两样东西须臾不离身，一是酒壶，二是铁剑。但是如果碰到他酒后舞剑，大家就要当心了，那情形就跟碰到酒后驾驶的人一样，都是很危险的。

他对自己舞剑的水平超级自信。行走江湖，难免遇到妖魔鬼怪、离谱小人，"但是不怕，我有剑！"他经常这样给自己鼓劲。

公元8世纪初，阿拉伯帝国和大唐王朝同时崛起，李白对未知的世界产生了强烈兴趣。

他看过不少书，从中了解了世界。由于李白家里还比较有钱，他接触到的都是绵阳青莲乡最有学问的人。

李白　唐代形象代言人

对道教的浓厚兴趣，也在这时养成。绵阳匡山有一群道士，李白跟在他们身后，好奇地观察他们的生活起居。道士们炼丹的时候，李白甚至也在一旁打下手。炉火映照着他的脸庞，"人间真有成仙这回事吗？"李白心想。

此时，他在文学上的天赋也开始显现，写诗作赋样样在行。

他最喜欢看古代圣贤的故事，少年时期的偶像是四川老乡、西汉著名辞赋家司马相如。

偶像与卓文君的恋爱私奔故事，也让他心动。他渴盼有一天，自己也能像司马先生一样，成为皇帝的座上宾，浑身才气，还有数不清的运气。

他做梦也没想到，后来他会是一个浑身酒气的人。

有时候，酒就是李白，李白就是酒。如果他不是那么好酒，很多精彩的诗歌根本不会产生。今天的我们，又该多么遗憾！

李白的诗歌中，有五分之一写到喝酒。酒一旦入肠，他的创作欲就开始旺盛。

他写过"花间一壶酒，独酌无相亲。举杯邀明月，对影成三人。"（《月下独酌四首·其一》）

他还写过"兰陵美酒郁金香，玉碗盛来琥珀光。但使主人能醉客，不知何处是他乡。"（《客中作》）

当然最出名的还是"人生得意须尽欢，莫使金樽空对月。天生我材必有用，千金散尽还复来。"（《将进酒》）

读完，有没有感觉到一股酒香扑面而来？这首诗，后来成了天下酒痴们自我安慰的最佳良药。

但经考证，李白喝的都是低度酒，包括米酒、黄酒、红酒和漉酒。基本上，跟喝水差不了太多。

"酒入肠，万事皆默然，唯我是主宰。你们折腾你们的，我就在旁边看着。"

就连他的死，也跟喝酒有关。《旧唐书》中说，李白"饮酒过度，醉死宣城"。

有人通读李白诗篇，估算李白一生喝的酒，大概有50吨之多。可以想象，李白在喝酒这件事情上，吹了多少牛。

725年，李白要去闯天下、谋功业，书童丹砂随他出发。

此前他既没有离开过四川，更没有娶老婆，这是一件很奇怪的事。因为古人平均寿命短，大多早婚，有的人甚至40岁就当了爷爷。

李白的模样不差，家里有的是银子。坚持不结婚，家长也默许，说明李白根本没有在四川待下去的打算。

他内心的使命感，是有多神圣多强大！

知己难寻：老铁比老婆更难得

李白一辈子结过三次婚，但在他的作品里，我们很少看到家庭生活。反倒是对几个铁杆朋友，他写起诗来很慷慨，很有灵感。

李白很重友情，他的朋友很多，质量也很高。

比如吴指南。这个人也来自四川，是李白在旅途中认识的。二人互相照顾，相谈甚欢。

后来吴指南身染重病而死，迫于当时的条件，李白再悲痛也只能将他草草地埋在洞庭湖畔。

几年后，他仍然念念不忘这位昔日好朋友，专门赶到岳阳，挖出吴指南的尸骸，迁葬到湖北武昌（当时叫鄂城）并厚葬了他。

这件事情在当时口耳相传，很多人都知道有一个诗坛新人叫李白，他是一个有情有义的人。

比如来自湖北襄阳的诗人孟浩然。和李白一样，老孟直到25岁才出山闯天下。他写诗专写田园风光，很是唯美，为人特别厚道。

李白与他在武汉一见如故，喝得烂醉如泥。年龄上相差一轮的他们，后来成了一辈子的知己。他为孟浩然写过20多首诗，其中一首开头就是，"吾爱孟夫子，风流天下闻。"（《赠孟浩然》）

比如写出"不知细叶谁裁出，二月春风似剪刀"的诗人贺知章。

他足足比李白大几十岁，做爷爷都绰绰有余。作为朝廷重臣，贺知章一点也不摆谱。头一次跟李白喝酒，他就把皇帝御赐的小金龟拿出来当酒钱。

看过李白的诗，他大加赞赏，说李白是"谪仙人"，也就是天上下凡的神仙。这个评价很形象，也很到位。从此江湖上就开始称李白为"诗仙"，一用就上千年。

再比如性格内向的诗圣杜甫。他是李白的小迷弟，二人相伴去了不少地方，甚至在帐篷里还睡在一张床上。说起来难以理解，二人风格有些格格不入，因为李白的诗浪漫，喜写极乐世界；杜甫的诗现实，爱写眼前不堪。可是他们的友谊，成了中国诗坛最激动人心的传奇。

李白最值得一提的好朋友，还有大唐前公务员、安徽泾县房地产富商汪伦。他们的相识，缘于一场骗局。李白当时名满江湖，汪伦想邀他给自己的项目做广告。因为害怕被拒绝，汪伦骗他说，泾县处处是桃花和美酒。

李白火速赶到安徽泾县，知道受骗后，他却一点都不生气。

他还为"骗子"汪伦写下千古名句，"桃花潭水深千尺，不及汪伦送我情。（《赠汪伦》）"无数中国人因为这首诗，记住了汪伦这个名字。

在对待朋友这件事上，如果用另一位大诗人高适的作品来概括李白的态度，那就是"莫愁前路无知己，天下谁人不识君？"

广袤天下，芸芸众生，我们总会找到跟自己志同道合的人。不用主动去寻，等着就行，这叫缘分。

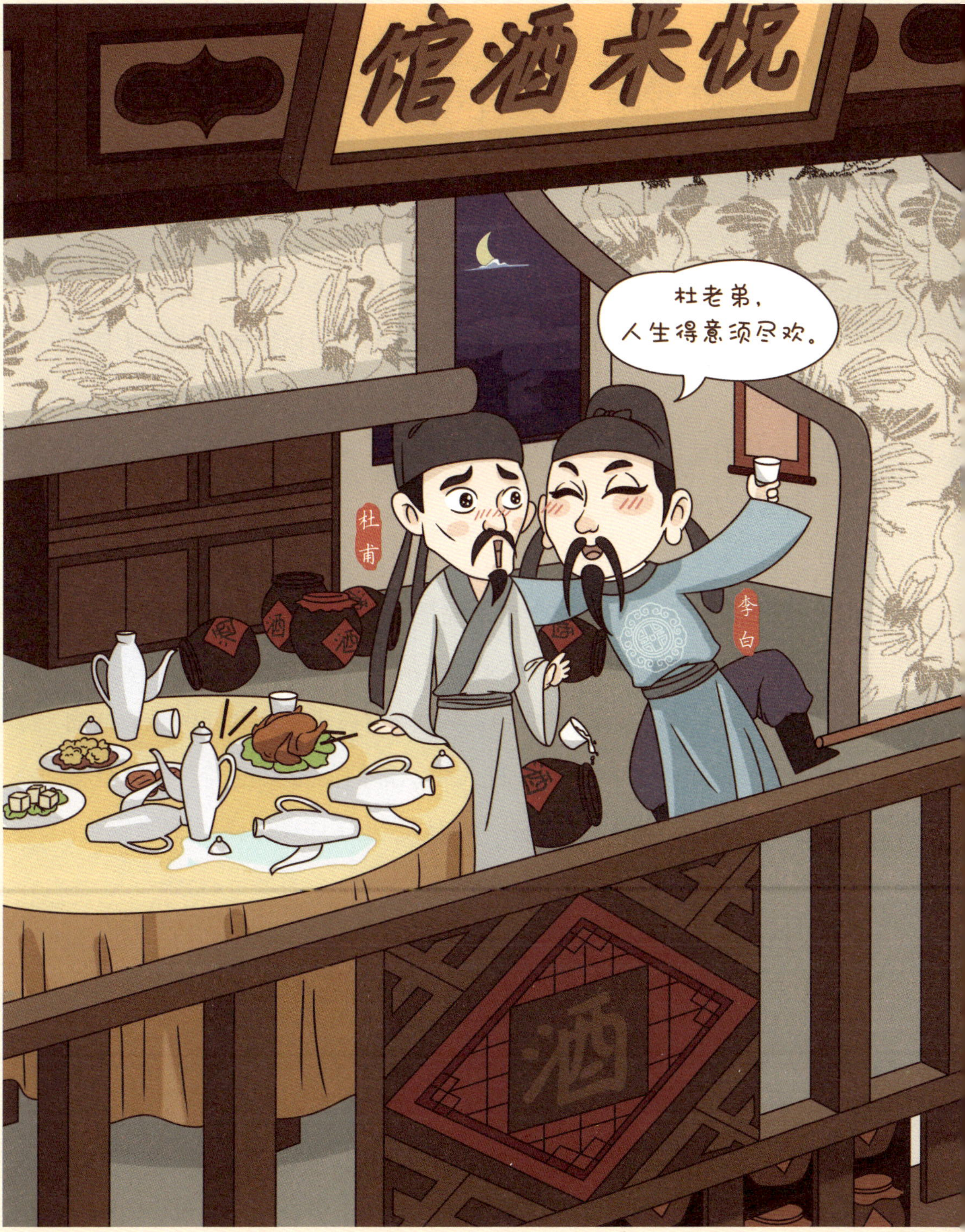
悦来酒馆
杜老弟，
人生得意须尽欢。
杜甫
李白
酒

就爱嘚瑟：清高是需要才华的

清高成就了李白，有时候也令他痛苦。

从离开家乡那一刻开始，他就觉得自己是当高级干部的料，应该一步登天。至于中间环节，都可以省略。所以，他不愿意从基层小官做起，甚至也从未参加科举考试。很多大诗人都有金榜题名或悲惨落榜的经历，很多人为了拿到功名，刻苦攻读，头发全白。但是李白没有这样的经历。

他的头发，可以因为没有酒而变白，绝不会因为世俗的东西而白。从最底层干起，这对李白来说是不可想象的。清高是很多男人的臭毛病，李白是个例外，越是狂妄清高，越有魅力。

742年，经过多年打拼，41岁的李白终于拿到朝廷的录取通知书。这是他第一次被推荐，进入组织部门的考察范围。他甚是得意，刚出家门，就大声吟道："仰天大笑出门去，我辈岂是蓬蒿人。（《南陵别儿童入京》）"

路上练剑，他狂妄地写道："十步杀一人，千里不留行。（《侠客行》）"看起来龇牙咧嘴，其实还是在吹牛。后经多人考证，始终没有发现李白杀人的证据。

当时，他的内心一直在呐喊："我是天才！我是天才！我是天才！"这不是狂妄那么简单。

高烧不退，出现幻觉，按照临床经验，李白基本上可以去精神病院报到了。这样性格的人入宫会有什么结果，是可以预见的。

作为一个理应专职拍马屁的奉诏翰林，他很不跟主人见外。他让杨贵妃为他磨墨，让高力士为他脱鞋，就连唐玄宗也要亲自为他调羹。

纵观几千年中华历史，能胆大、嘚瑟成这样的普通群众，也只有李白。换成其他人，多少个脑袋也不够砍的。但是，谁让他有才呢？

似乎他从不担心前途，"你们不用我，是你们的损失，不是我的损失。"在仕途上，他可以一根竿子捅破天。

唐代历史，气象万千、跌宕起伏、惊心动魄，以至于影视剧不停地挖掘翻炒，炒千遍，不厌倦。

那最能代表唐代的人是谁？李世民、武则天、李隆基、杨贵妃？都不是。

这些人，基本上是权力所有者。同时，他们也是权力的奴隶。因为他们已经不是他们自己了。

只有那些凭一己之力带我们一探世界与人性者，才值得佩服。基于此，唐代的最佳代言人，只能是中国人的首席语文老师——李白。对于他的诗，不会背诵的人，大约很罕见。

金句太多，根本数不过来，比如——

"举头望明月，低头思故乡。"（《静夜思》）；

"清水出芙蓉，天然去雕饰。"（《经乱离后天恩流夜郎忆旧游书怀赠江夏韦太守良宰》）；

"飞流直下三千尺，疑是银河落九天。"（《望庐山瀑布》）；

"云想衣裳花想容，春风拂槛露华浓。"（《清平调词三首·其一》）；

"天生我材必有用，千金散尽还复来。"（《将进酒》）。

可以这样说，如果唐朝没有李白，将会失色很多。

千百年前，李白为何能将人类的生命体验推向前所未有的高度？那种近妖的、可怕的创作力从何而来？为何他能击败其他巨星，成为唐代的最佳代言人？

这是历史的选择，也跟他的超强个性有关。

他的个性，就六个字：爱嘚瑟，不着急。

李白十大名诗

《望庐山瀑布》（725年，江西庐山。名句："飞流直下三千尺，疑是银河落九天。"）

《望天门山》（725年，安徽当涂。名句："两岸青山相对出，孤帆一片日边来。"）

《送孟浩然之广陵》（730年，湖北武汉。名句："故人西辞黄鹤楼，烟花三月下扬州。"）

《清平调三首》（742年，陕西西安。名句："云想衣裳花想容，春风拂槛露华浓。"）

《月下独酌》（744年，陕西西安。名句："举杯邀明月，对影成三人。"）

《登金陵凤凰台》（约750年，江苏南京。名句："总为浮云能蔽日，长安不见使人愁。"）

《宣州谢朓楼饯别校书叔云》（753年，安徽宣城。名句："抽刀断水水更流，举杯销愁愁更愁。"）

《将进酒》（755年，河南登封。名句："古来圣贤皆寂寞，惟有饮者留其名。"）

《关山月》（李白晚年，安徽。名句："明月出天山，苍茫云海间。"）

《秋风词》（756年，安徽。名句："早知如此绊人心，何如当初莫相识。"）

李白
司马相如
为什么汉武帝那么欣赏你，我就遇不到那样的皇帝呢？
小老乡，你的诗写得很好，可是你经常得罪人。
可是我在诗里写的，都是真情实感。
你的诗不得罪人，但你在生活中姿态太高，就是你的不对了。

李白　唐代形象代言人

八卦对话

< 在大唐，有糖吃

孟浩然　李白　杜甫　贺知章　王维

贺知章
有人在吗？为什么这个群建好几天了，一直没有人发言？

杜甫
估计李白大哥又去喝酒了，很多人拉他进各种各样的微信群，说不定他还没看到这个。

孟浩然
作为群主，我也不知道说什么好。也许我不该把李白和王维两位兄弟拉到一个群里。

贺知章
我都是你们爷爷辈的人了，我喜欢和你们在一起，也喜欢直话直说。他们俩的诗都写得那么牛，应该成为好朋友啊！

5分钟爆笑古人 唐代篇

杜甫
江湖上传言，李白大哥是因为玉真公主跟王维闹别扭的，真的吗？

孟浩然
杜甫，不要再八卦了！

贺知章
有什么事情是不能通过喝酒解决的？如果一壶酒不能解决，那就喝两壶。

孟浩然
@李白 @王维，你们出来说句话。

李白
其实我一直在潜水，你们说的我都看见了，抱歉今天有点喝多了。

王维
抱歉迟复。我一直在画画呢，刚完成《长江积雪图》，正在润色。某人来画一幅看看？！

李白
这个"某人"说的是我吗？

李白　唐代形象代言人

杜甫
各位大哥，这个周末大家有空去爬山吗？很安全的那种。

贺知章
还是先喝酒吧！来自新疆的朋友给我寄了几桶 82 年的红酒。

贺知章
😋

贺知章
明天大家有空吗？下班后我在大唐饭庄等你们，不见不散！😋

李白
明天晚上吗？已经有安排了，最近找我喝酒的人特别多。

王维
请假！明天我爷爷的妹夫的表弟来长安，我要接待。🙏

孟浩然
贺老师不要费劲了，我试了好多次，都不能把他们俩聚到一起。

王维

> 姓李的，我考你一个问题，你答对了，我就跟你做朋友。

李白

> 你说啊！

王维

> 假如我有5个苹果，你吃了1个，还剩几个？

李白

> 还剩4个啊！

王维

> 错了，还是5个苹果，因为我不想给你吃。

李白

> 😭

来听故事吧

杜甫

最老实的人最成功

姓　　名　杜甫

又　　名　杜少美、杜少陵、杜工部

生　　卒　712—770 年

出 生 地　河南巩义

性　　格　十分内向（跟李白在一起时除外）

最喜欢的城市　成都

最喜欢的明星　李白、公孙大娘

主要作品　"三吏""三别"《杜工部集》

最大成就　写出"安史之乱"前后的历史

最想不通的事　祖先很热血很狂放，自己却很保守很内敛

来听故事吧

一心想当官，却成了"官场笑话"

盛唐是什么样子？物质生活极其丰富，人们视域空前开阔，精神需求得到极大满足。然而，随之而来的政治危机（安史之乱），令大唐掉头向下，从此一蹶不振。

杜甫和李白，都要感谢那个光怪陆离、苦难深重的世界，因为没有内心的坚持与挣扎，他们无法成为唐代诗坛上的两颗巨星。对于杜甫来说，尤其如此。

能想象吗？一个漂泊在外的读书人，要名气没名气，要地位没地位，要金钱没金钱，人间所有苦痛，他都尝了一遍。一般人，可能就此沉寂无声、自生自灭了，可是杜甫很坚韧。黑暗中，他无数次昂起头，强撑病体，写了1400首诗，数量惊人，直到他离开人世。这需要多大的勇气和毅力？

作为一个富二代，杜甫自幼没挨过饿，没受过冻。有一段时间他成绩很不好，那是因为他讨厌填充式教育，只想出去长见识，为此与家人闹了多次。

731年，家人拗不过他，终于批准他的深度游计划。在千里之外的吴越、齐赵，杜甫一浪就是10年。

中途曾短暂回乡，参加全国统一科举考试，那是他的第一次，结果很残酷——落榜！他并不在乎这个结果，认为只是个意外。

回到旅途，整理心情，不甘心的他在泰山写下一首名诗：

望岳

岱宗夫如何，齐鲁青未了。

造化钟神秀，阴阳割昏晓。

荡胸生层云，决眦入归鸟。

会当凌绝顶，一览众山小。

"别看我杜甫今天落榜了，以后我就是主峰，你们只是小山包！"他坚信：自己的未来，一定是鲜衣怒马、花团锦簇。

像广大读书人一样，杜甫接受的家庭教育就是要当官。年轻的时候，他甚至把做官当成人生唯一追求。他完全没意识到，那是一条坎坷路、不归路。

一般认为，他的贤臣梦就是从《望岳》那首诗开始萌芽的。这个梦想，跟李白的侠客梦一样，折磨了他们一生。

747年，杜甫第一次来到繁华的长安，各种外国面孔、杂耍、香料、时装、动物，令他眼花缭乱。更令他兴奋的是，他发现了很多舞文弄墨的同道中人。

他的日常生活，就是不停加入各种文人群，向那些大神发出好友邀请，他的社交圈不断扩大，然后各种喝酒、唠嗑、对诗、唱歌……这样的生活，真的很轻松很惬意。

可是时间很不够用，一不小心就进入中年，杜甫心痛的次数越来越多了。

35岁至44岁，他在长安漂泊10年，一心求官，最终却成了官场的一个笑话。

他曾经有过机会。747年，唐玄宗下令，天下人才入京赴试。

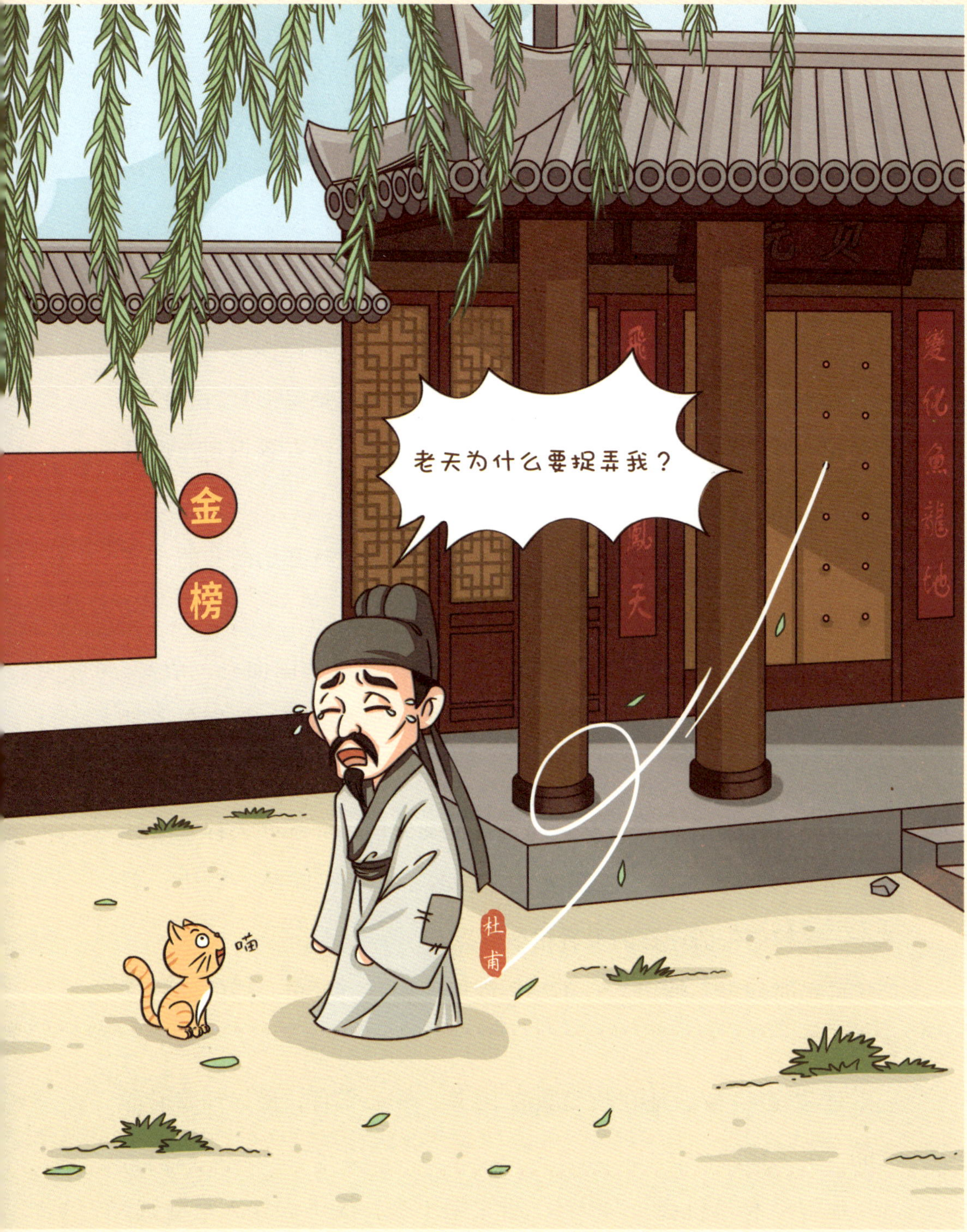
老天为什么要捉弄我？
金榜
變化魚龍地
杜甫
喵

杜甫找来历年真题，认真准备了一番，结果当年朝廷的录取人数是零。

因为"特别会来事"的宰相李林甫，要营造一种"明君治下，野无遗贤"的假象。很多远道而来的考生当场就哭了，宰相啊宰相，不带这么欺负人的！

杜甫连走路都有点踉踉跄跄。他受不了，要出去散心。

成为"蹭热点高手"

仕途不顺，杜甫的生活更是雪上加霜。父亲去世，他失去了生活来源，不能再啃老。清晨，杜甫不得不上山采药，然后到长安东市摆地摊。很多次，他带着一家人去朋友家蹭饭。

但生活再难，他的理想还是锃亮锃亮的。一天清晨，他记录了自己的梦境——"主上顷见征，欻（xū）然欲求伸。青冥却垂翅，蹭蹬无纵鳞。甚愧丈人厚，甚知丈人真。"这梦境是在表达他的苦闷："不久前，皇帝号召天下英才入京，我跃跃欲试，信心满满。但我就像折翅的飞鸟、跃不过龙门的鲤鱼。"

这种痛苦的生活，400年后引发了他的一位著名粉丝陆游的强烈共鸣：

题少陵画像

长安落叶纷可扫，九陌北风吹马倒。

杜公四十不成名，袖里空余三赋草。

车声马声喧客枕，三百青铜市楼饮。

杯残胾（nù）冷正悲辛，仗内斗鸡催赐锦。

最初乐观热烈，后来苦闷愤懑。生活就像一个大磨盘，辗得人粉身碎骨，杜甫逐渐从一个理想主义者游离为一个现实主义者。

众所周知，杜甫没有李白的粗犷，没有王维的颜值，也没有玉真公主那样的贵人加持，眼看着机会一个个溜走。眨眼过了40岁，仍然一事无成，他想给孩子买个国产玩具，一翻兜，没钱。

时间都去哪儿啦？还没好好感受年轻就老了，柴米油盐半辈子，转眼就只剩下满脸的皱纹。

没办法，他决定直接向皇帝邀宠，拍马屁。其实杜甫是一个天生的蹭热点高手，下半生，这个优势被他发挥得淋漓尽致。

751年，是杜甫的蹭热点元年。当年唐玄宗举行了三场重大活动：朝献太清宫、朝享太庙、合祭天地。杜甫像打了鸡血，接连创作三篇优秀作文：《朝献太清宫赋》《朝享太庙赋》《有事于南郊赋》。

唐玄宗看后，觉得这些马屁拍得到位、舒坦，于是命杜甫待制集贤院，也就是说，杜甫获得了当官的资格。

集贤院，大致相当于少林寺的藏经阁，没什么油水。最不能容忍的是，前面还有"待制"，相当于皇帝开的白条。官场的事，等不得，往往一等就黄，杜甫拿着皇家白条，足足等了4年。

755年，迟钝的组织部门终于想起这个失业的读书人，让他去做河西县尉（治安官），杜甫觉得官位太低，无法施展，没有接受。后来他才知道，做官这种事，没有最小，只有更小。

不久，组织部门又安排他去做右卫率府胄曹参军，这个八品不到的岗位，主要负责看守兵器，还不如县尉，但这次他接受了。接受，是因为生活过于窘迫。

他在诗中说："不作河西尉，凄凉为折腰。老夫怕驱走，率府且逍遥"。再不参加工作，杜甫大概也就真的活不下去了。

可是，老天似乎喜欢跟杜甫开玩笑，上班没几天，他请假回奉先探亲。不承想，北方爆发了一场惊天动地的叛乱，直接打击了大唐的中枢神经，新官杜甫失业了。

原来，他注定是官场的局外人。

安史之乱

唐玄宗末年至唐代宗初年（755年12月16日至763年2月17日），由将领安禄山与史思明发动的战争。人口大量减少，国力锐减，唐朝开始出现藩镇割据（外地将领拥兵自重，在军事、财政、人事方面不受中央政府控制）的混乱局面。安史之乱是中华文明前所未有的一次巨大浩劫，席卷半壁江山的战火不仅成为唐朝由盛而衰的转折点，更是整个中华文明由开放走向保守的转折点。

把日子过成段子

杜甫所生活的时期，太平日久，所有人都沉浸在"盛世"之中。事实上，唐玄宗早已坐在火山口上，这不，安禄山终于造反了。

最初，都没有人相信这事儿是真的——一是因为大家习惯了太平日子，二是因为毕竟唐玄宗、杨贵妃对安禄山不错啊，他怎么会造反呢？

等唐玄宗反应过来，朝廷手忙脚乱开始调兵应对的时候，才发现军中可用之人、可调之兵不多！

清代文学家赵翼在《题遗山诗》中写道:"国家不幸诗家幸。"安史之乱,是大唐国难的开始,同时是杜甫辉煌文学的起点。

从755年开始,到770年离世,杜甫很忙,创作诗歌超千首,且精品不断。看看下面这些金句——

"国破山河在,城春草木深。"(《春望》);

"今春看又过,何日是归年?"(《绝句二首·其二》);

"晓看红湿处,花重锦官城。"(《春夜喜雨》);

"随风潜入夜,润物细无声。"(《春夜喜雨》);

"烽火连三月,家书抵万金。"(《春望》);

"露从今夜白,月是故乡明。"(《月夜忆舍弟》)。

真是句句催泪。

还有好多,关于应酬、咏怀、羁旅、宴游、山水——

"无边落木萧萧下,不尽长江滚滚来。"(《登高》);

"白日放歌须纵酒,青春作伴好还乡。"(《闻官军收河南河北》);

"正是江南好风景,落花时节又逢君。"(《江南逢李龟年》);

"出师未捷身先死,长使英雄泪沾襟。"(《蜀相》)。

还有一首,《自京赴奉先县咏怀五百字》。从标题上看,平淡无奇,像篇生活流水账,却是他在文坛崛起的标志,尤其"朱门酒肉臭,路有冻死骨",更是名垂青史。

触发他情感的,是一个十分凄惨的故事。当时他回家探亲,刚走到门口,就听到妻子杨氏凄厉的哭声。原来,由于生活拮据,他的小儿子活生生饿死了。这个瘦弱的中年男人,呆坐在门口,深埋着脑袋,无声地啜泣。

对于这个家，他始终是亏欠的。即使放到现在，他也是个晚婚模范，30岁才结束单身。新娘是大唐司农少卿（相当于现在的农业部副部长）杨怡的女儿，要貌有貌，要德有德。而当时杜家已现没落之势——杜甫的父亲杜闲只是县处级干部。怎么看，这门亲事都有点门不当、户不对。

但每个男人都有自己的优势，新郎杜甫特别朴实，十分诚恳。要知道，在大唐文化圈，"文人无行"是一种变态的时髦，很多诗人频频利用女性寻找创作灵感。某些著名的大诗人，频繁出入青楼，写了不少艳诗。

只有杜甫，从来不写艳诗（与妻子秀恩爱的诗倒有35首），也从来没有绯闻，安安静静、认认真真、心怀感激，在妻子身边守了一辈子，真是一个老实人。

他的善良，还体现在对朋友的态度上。

756年，前宰相房琯与叛军作战，兵败陈陶。虽然不能苛求一个文人有多高的作战水平，但毕竟损失了四万多人的性命，房老师还是被唐肃宗处分了。

当时杜甫刚冒险逃出长安，穿过对峙的两军来到凤翔，被唐肃宗授为左拾遗。对房琯事件，所有人都保持沉默，只有杜甫站出来为他说话，"房琯有才，不宜罢免"。唐肃宗震怒，将杜甫贬为华州司功参军，专管莫名其妙的杂事。

还有严武，杜甫晚年最重要的朋友，没有之一。

757年，战事吃紧，为了家人安全，杜甫不得不随大批流民逃入四川地区。在那里，他遇到了小自己14岁的严武。严武的诗很普

通，但他是功勋军人，曾两次镇守四川。最关键的是，他是杜甫的忠实粉丝，在成都，他为杜甫盖了一座草庐。

长期买不起房的杜甫终于有了安身立命之所，他的创作也突飞猛进。据统计，居住草庐4年时间，他写诗240余首。

历史上，杜甫有很多名字：杜子美、杜少陵、杜工部、杜拾遗……但估计，他最喜欢的名字应该是——杜草堂。

所有外在的东西，最终都会消失于无形，只有回归自然，内心才有自洽感。

虽不拘小节，但他感激严将军，为此，对仕途失望的他，又破例去做了一回幕僚。乱世中，唯有抱团取暖。

可惜严武短寿，只活了39岁。765年，严武去世，杜甫不得不重归漂泊，度过他一辈子最后的5年。

低调的人生，也能汹涌澎湃

杜甫有一种神奇的能力，他很接地气，能将所有素材软化，写到读者的心里去。律诗本来是一种对格律、字数要求十分严格的文学作品，很多时候，有了工整，没了灵动；有了严密，没了舒畅。

很多诗人尝试过挑战，不过都失败了。杜甫却成功了，创作时，他随意立题，尽脱前人窠臼。作品既有建筑的对称，又有溪水的灵动，还具有很强的实录精神。无疑，他在借鉴司马迁的写史风格。

为什么只有他成功？有人说，这是一种天赋，强求不得。其实，这更是一种勤奋。

杜甫自述创作过程，无一字无来处。为了诗句的完美，一琢磨就是一整晚。"为人性僻耽佳句，语不惊人死不休。"看杜甫的自我认识多准确！

他的身体一直不太好，最大的压力，就来自文学创作。作为完美主义者，他有近似自虐的创作过程。一字一句，成就了他，也压垮了他。

他最后的诗句是在岳阳楼上写就的。当时，他与家人被洪水围困了9天，幸亏有乡亲救助，一周后，终于缓过神来。

登上岳阳楼，他沉默了很久很久，然后，他哭了。在这里，他看到了恢宏历史，看到了万千气象。他用尽最后一丝力气，写出了著名的——

登岳阳楼

昔闻洞庭水，今上岳阳楼。

吴楚东南坼，乾坤日夜浮。

亲朋无一字，老病有孤舟。

戎马关山北，凭轩涕泗流。

他确实很爱这个世界，通过1000多首诗，也表达了对这个世界的关切。正因为站得高、看得远、想得深，人生才痛苦。现在，他不得不跟这个世界告别了。很遗憾，这辈子，朋友有限，仕途有限，才华有限，就连粉丝也有限。

还有很多要写的，只是时间来不及了。

如果要在杜甫身上找一些可以学习的品德，应该是下面这些：

——宽容。一个小气的人永远不会有大成就，对朋友宽容，对自己也要宽容。

——同情。没有哪一种情绪比悲天悯人更伟大、更动人，要在乎他人的苦难，纾解他人的苦难。

——忍耐。生活哪有什么秘诀，忍耐就是一切，奇迹都是在厄运后的等待中出现的。

——爱国。上悯国难，下痛民穷，不是空喊口号，而要到达一个人的内心深处、根根神经。

——逆商。罗曼·罗兰说："累累的创伤，便是生命给予我们的最好的东西，因为在每个创伤上面，都标示着前进的一步"。

——孤独。有人说，杜甫写出"飘飘何所似，天地一沙鸥""百年歌自苦，未见有知音"，实在是孤独到了极致。可是，这极致里有他的悠然自得。人一旦习惯孤独，孤独就是人最好的朋友。

——自律。一个自我要求甚高的人，不一定会有大成就，但一定会有好德行。

——幽默。一次，杜家被盗贼入侵，杜甫为贫穷而庆幸，他写诗打趣道："侧闻夜来盗，幸喜囊中净。"漫长人生路，没有幽默助力，很难熬到最后。

"在人生的大风大浪中，我们要学船长的样子，把笨重的货物扔掉，以减轻船的重量。"这说的不就是杜甫吗？一次次创作，一次次放空自己，从现实中脱逃。

人该如何度过一辈子？杜甫为我们做了最好的示范，用10个字足以概括——对他人要善，对事业要痴。

李白和杜甫，是天造地设的绝代双骄。

文学意义上的盛唐，其实由李白和杜甫的一辈子构成，准确地说，是由李白的前半生和杜甫的后半生构成。他们最优秀的作品，都产于那个时期。

李白与杜甫的不同在于，李白的荷尔蒙是瞬间爆表、直冲云霄。而杜甫的荷尔蒙，只有压缩时间、透过表面的低调，才能让人感觉到它的汹涌澎湃。

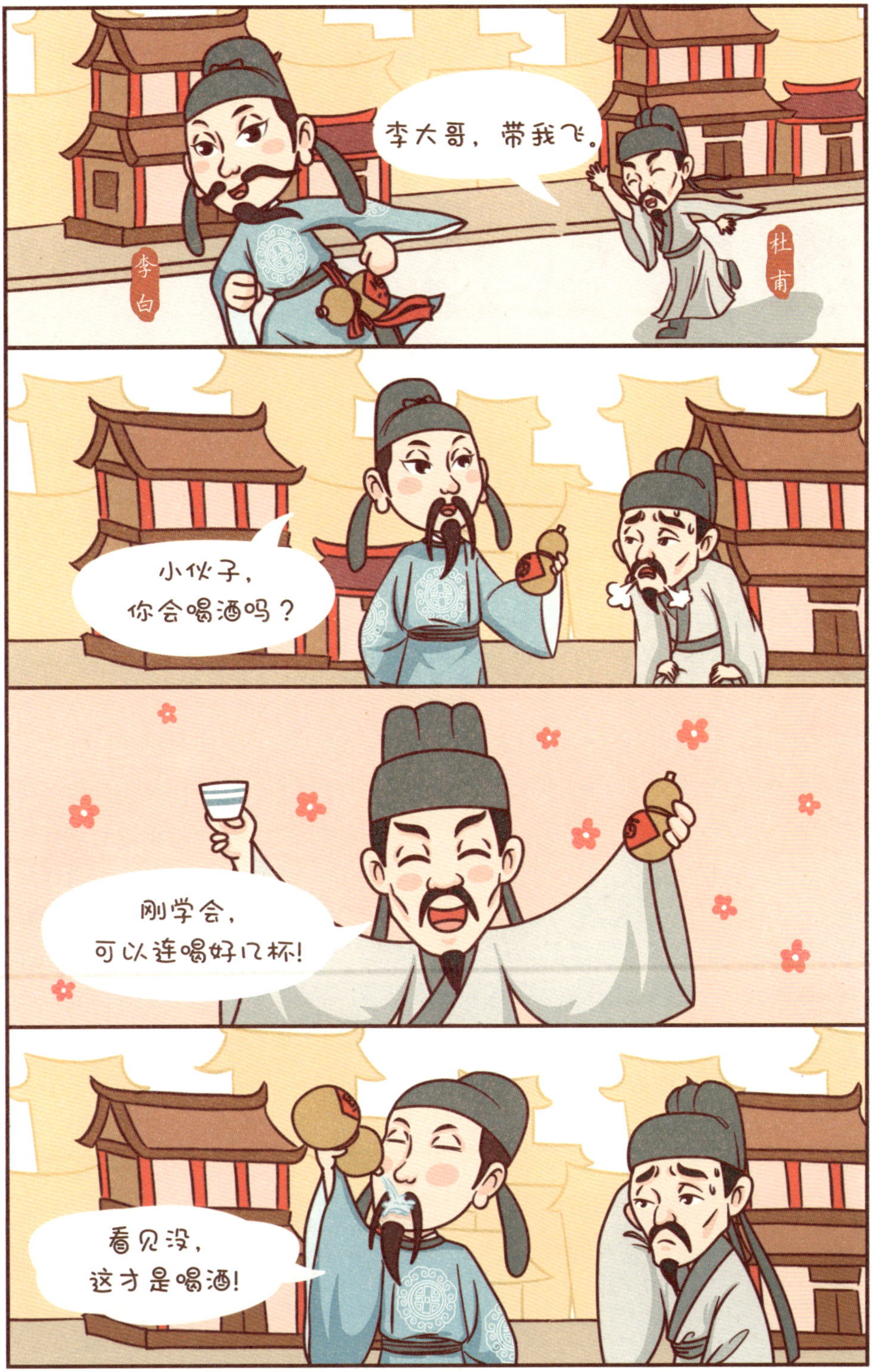
李大哥，带我飞。
李白
杜甫
小伙子，
你会喝酒吗？
刚学会，
可以连喝好几杯！
看见没，
这才是喝酒！

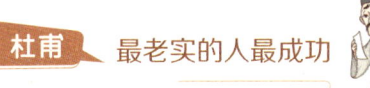

八卦对话

< 我心中，你最重

杜甫　李白　严武　贺知章　公孙大娘

贺知章：小杜，这个群建得好啊，尤其是群名，起得太好了。👍

严武：杜老师，你心里"最重"的人在这个群里吗？😊

杜甫：我只是随手取的名字哈，拜托大家别乱猜。

贺知章：你对文字那么苛刻，怎么会随便取名字呢？快交代，你心里最重的人是谁？

李白：说说看，是我，还是公孙大娘？*告白气球*

杜甫　最老实的人最成功

杜甫：大家真的不要想多了。公孙大娘在我眼里就是一个乘风破浪的好姐姐。😲

贺知章：小杜兄弟的诗写得快，在感情方面的反应好像有点慢哟。

严武：杜老师，别理这些坏人。只有我理解你，你对每个人都挺重感情的。

公孙大娘：最爱看诗仙的作品了，什么时候写首诗给我？@李白

杜甫：大娘，我不是写了一首给你吗？还要麻烦李白大哥？

杜甫：

< 朋友圈

> **杜甫**
> 昔有佳人公孙氏，一舞剑器动四方，观者如山色沮丧，天地为之久低昂。㸌如羿射九日落，矫如群帝骖龙翔。……
>
> ♡ 公孙大娘，李白，高适，玄武禅师，岑参，孟浩然，王维，储光羲，大唐舞蹈家协会新媒体

贺知章
哟，公孙大娘，你的头号粉丝吃醋了。

李白
真是难得。

公孙大娘
你写的那首，我都会背了……可我还是想请诗仙哥哥写一首。

贺知章
看来，在公孙大娘的心中，你的李白大哥最重。@杜甫

杜甫
我只服李白大哥，如果是其他人，我就不服。

来听故事吧

王 维

出世入世状元郎

姓　　名	王维
别　　号	诗佛
生　　卒	701-761 年
籍　　贯	山西运城
面貌特征	不是一般的帅气
性格特征	内向
教育背景	大唐科举状元
职　　业	诗人、画家、音乐家
好　　友	孟浩然、裴迪、贺知章

来听故事吧

完美先生亮瞎人的眼

出名要趁早，王维做到了。

他出身豪贵，祖上是唐朝五大望族之一的太原王氏，祖父是知名音乐人。史料中的他，"风姿郁美"，刚出道就迷倒了万千粉丝。

见过王维的人都说，这个人帅呆了，即使不会画画、不会写诗，他至少还有英俊帅气。一个人长得好看，总会帮他获得更多发展机会。特别是古代，没有完备的人力资源体系，不知道如何辨才，颜值就更有生产力了。官场职场，很多人因外貌出众而被选拔。

王维能够早期成名，是因为他的粉丝大军里，有很多帮他买热搜的人，包括歧王李范、唐玄宗的亲妹妹玉真公主。

除了拥有对文字极强的掌控力，他在画画方面的造诣也极高。

他的音乐才华，也不是吹的。据说有个人给王维看一幅奏乐图，问他图上奏的是什么曲。王维脱口而出："这是《霓裳羽衣曲》第三叠第一拍。"一查，果然如此。

最可怕的是，王维和弟弟王缙（jìn）还是学霸。当别人不懈奋斗，一次次冲击科举的时候，王维已经成了进士。

不过二十岁出头的他，很快又增加了一个标签——科举状元。那是天下所有读书人一辈子的梦想。所以，失败不是成功之母，最容易导致成功的，就是不断地成功。

他考中状元之前，还有个小插曲。

王维 出世入世状元郎

721年，踌躇满志的王维从太原赶到长安。消息灵通人士告诉他，一个叫张九皋的考生已被提前确定为状元，原因只有一个，他关系硬。

看来要在考场上出人头地，仅靠有才，是不够的。听说岐王李范是自己的粉丝，他决定上门抓住机会。

"这样的内定，确实有失公平正义。"李范第一时间见他，并给他出主意，"你三天内准备好十首诗，没问题吧？"

"没问题！"王维拍拍胸脯。

三天后，在李范的引见下，王维在长安郊区某别墅见到了一个老女孩。她就是当朝皇帝李隆基的妹妹玉真公主，深得圣眷。

> 我早就听说，你是整个长安最有才华最靓的仔。

（王维） （玉真公主）

听完王维吟出的诗句，又现场观摩他谱曲《郁轮袍》，年长王维11岁的玉真公主笑了。

"这么有才华的人，我还是第一次见。"公主眨了眨眼睛说，"而且，你还是个小帅哥。"

没多久，内定的状元被取消，王维变成了当年的榜首。

王维从政后的第一个公务员岗位，名叫太乐丞，也就是皇家音乐负责人。虽然级别只是从八品，却已是公众焦点人物。这也算继承了祖业，几十年前，他的祖父王胄就曾担任这个职务（当时叫协律郎）。

王维虽然平常话不多，但当时他还是一个热血青年。这首《少年行四首·其二》是他年轻时的代表作，也是他热血的写照。

出身仕汉羽林郎，初随骠骑战渔阳。

孰知不向边庭苦，纵死犹闻侠骨香。

喷薄而出的侠义，至死不悔的热血。估计像高适、王昌龄、陆游、辛弃疾那样的军旅诗人，都会被其深深地折服。

王维的未来一片光明，简直飘飘欲仙，要上天了。

山水田园我最懂

一出道就是上流社会的宠儿，梦幻一般的开局。他屁颠屁颠地跟在皇族身后，写一些漂亮的文章。但一眨眼，他就被权力刺伤。

当时，李范要看黄狮子舞蹈，按惯例，观看那种节目是皇帝本人的特权。作为幕僚，王维没有及时阻止，唐玄宗大怒，将王维贬到地方上做仓库管理员。王维就此蹉跎，每天打开仓库门透透气，拿棍子赶走老鼠蟑螂等小动物。

几年后，他终于可以回朝了。当时帮他的，是一直很喜欢他的宰相张九龄，就是写出千古名句"海上生明月，天涯共此时"的那位。

此时王维写出来的诗，风格也大变。看看他当时的代表作《山居秋暝》：

空山新雨后，天气晚来秋。

明月松间照，清泉石上流。

恬淡自适、圆融敦厚，此类诗占据了他后期创作的绝大部分。随便来一句，就精彩无比——

"隔牖（yǒu）风惊竹，开门雪满山。"（《冬晚对雪忆胡居士家》）；

"红豆生南国，春来发几枝。"（《相思》）；

"深林人不知，明月来相照。"（《竹里馆》）。

笔调平淡，情感缓和，意境优雅。除了这种治愈系作品，偶尔也会有《观猎》这样包藏锋芒的诗句：

风劲角弓鸣，将军猎渭城。

草枯鹰眼疾，雪尽马蹄轻。

忽过新丰市，还归细柳营。

回看射雕处，千里暮云平。

有时候，他会去找孟浩然、裴迪、贺知章喝两杯。大多数时候，他半官半隐，与好友裴迪在辋（wǎng）川别墅同住。该地位于陕西省西安市蓝田县中部偏南，青山逶（wēi）迤（yí），峰峦叠嶂，奇花野藤，为秦岭北麓风景之最，非常适合王维这种喜欢安静，又懂得欣赏和感悟的人居住。

相比同时代的大诗人，如孟浩然、李白和杜甫等，他的人生忽然变得单调，似古井无波。经历了一些事，他不愿再折腾。这人生态度浸透了他的诗，请看这首《终南别业》里的名句：

行到水穷处，坐看云起时。

偶然值林叟，谈笑无还期。

这首诗，形象地描写出了他后半生的状态和心境。表面上自得其乐、闲适淡然，深层次更是一种对自我的理解和原谅。

历经苦难，一路走来，却发现人生之路居然是个死胡同。怎么办？不妨歇一歇，抬头看看天上的云彩。

世间种种，再难过，再不平，看看眼前的花，听听窗外的雨，吹吹山间的风，就释然了。

他从燃系，彻底走向了佛系。

王妈妈是佛教徒，儿子还没出生，她就迫不及待地为他起了名字——王维，字摩诘，合起来即"维摩诘"，这是佛教中一位著名的在家菩萨。她希望儿子净己净人，不沾染人间的尘埃。

她经常教育王维，做人要平静内敛：顺境不要贪，逆境不要怨。王维一生都谨遵母亲的教诲。他特别喜欢看得道高僧的传记，他修炼辟谷，他把手杖头雕刻成斑鸠（jiū，一种像鸽子的鸟）的样子，他把乌龟壳拿来垫在床脚底下，他常在家里焚香打坐。

能坚持做到这些，并不容易。

王维将这些佛教感悟注入自己的作品，创作出了世人惊叹的诗

王维 出世入世状元郎

与画。

736年,王维被降职为凉州河西节度幕判官。跟王昌龄、高适、岑参等唐朝诗人一样,他有了塞外工作经历。在那里,他写出了一辈子最出色的诗句——

"大漠孤烟直,长河落日圆。"(《使至塞上》);

"空山不见人,但闻人语响。"(《鹿柴》);

"劝君更尽一杯酒,西出阳关无故人。"(《送元二使安西》)。

世道混乱污浊,他的精神世界却风和日丽、淡然宁静。看了塞外的天与地,他的诗与画已配合得天衣无缝。

大文豪苏轼说,王维的诗,诗中有画,画中有诗。有此境界的古代田园诗人,王维独一无二。

中国著名田园诗人

1.陶渊明。田园诗的开创者，陶渊明一生中曾经先后5次出仕做官，面对国家和社会的日趋腐败和官场黑暗，他不为五斗米折腰而辞官归隐。金句："少无适俗韵，性本爱丘山。误落尘网中，一去三十年。"

2.谢灵运。山水诗的代表人物，对后世产生巨大影响。金句："野旷沙岸净，天高秋月明。"

3.王维。真正的山水田园诗人，现存诗仅四百多首，但篇篇是佳作，突出特点是"诗中有画，画中有诗"。

4.孟浩然。一生未能做官，山水田园诗最贴近他的生活。金句："故人具鸡黍，邀我至田家。绿树村边合，青山郭外斜。"

状元的遗憾与羞辱

王维的一生，有一个巨人的遗憾，还有一次毕生的羞辱。

先说遗憾。1000多年来，谁都知道，王维与李白的关系很怪。他们之间，远非"不来往"那么简单，而是隔着一层厚厚的、令人打寒战的坚冰。

王维 出世入世状元郎

二人的共同点其实很多。他们都出生于 701 年，并同于 762 年去世。他们都是大唐文化金字塔塔尖的人物，喜欢写诗唱歌，有很多机缘成为好友。

他们的作品，也有相似之处。比如——

"新丰清酒斗十斤。"（王维《少年行》）；

"金樽清酒斗十千。"（李白《行路难》）。

再比如——

"纵死犹闻侠骨香。"（王维《少年行》）；

"纵死侠骨香。"（李白《侠客行》）。

如此"心灵相通"，最终却老死不相往来——王维和李白，共拥有作品上千首，却一次也没有提及对方，这完全不符合古代诗人的做派。

他们俩确实很不搭。一个信佛，一个求道；一个比较宅，一个爱四处浪；一个内敛到让人心痛，一个狂放到极致。

再说羞辱。安史之乱那几年，王维过得很艰难。

756 年，长安陷落，唐玄宗仓皇奔蜀。王维当时的岗位是给事中，职位较低，来不及逃跑，被安禄山的部队捕获。他不想在安禄山的手下为官，偷偷吃了泻药，一天拉十几次。

安禄山好不容易抓到一个知名人士，怎肯轻易放手。叛军将他关押在洛阳的菩提寺，严加看管，逼迫他就范。

听说敌人正在庆祝胜利，王维含泪

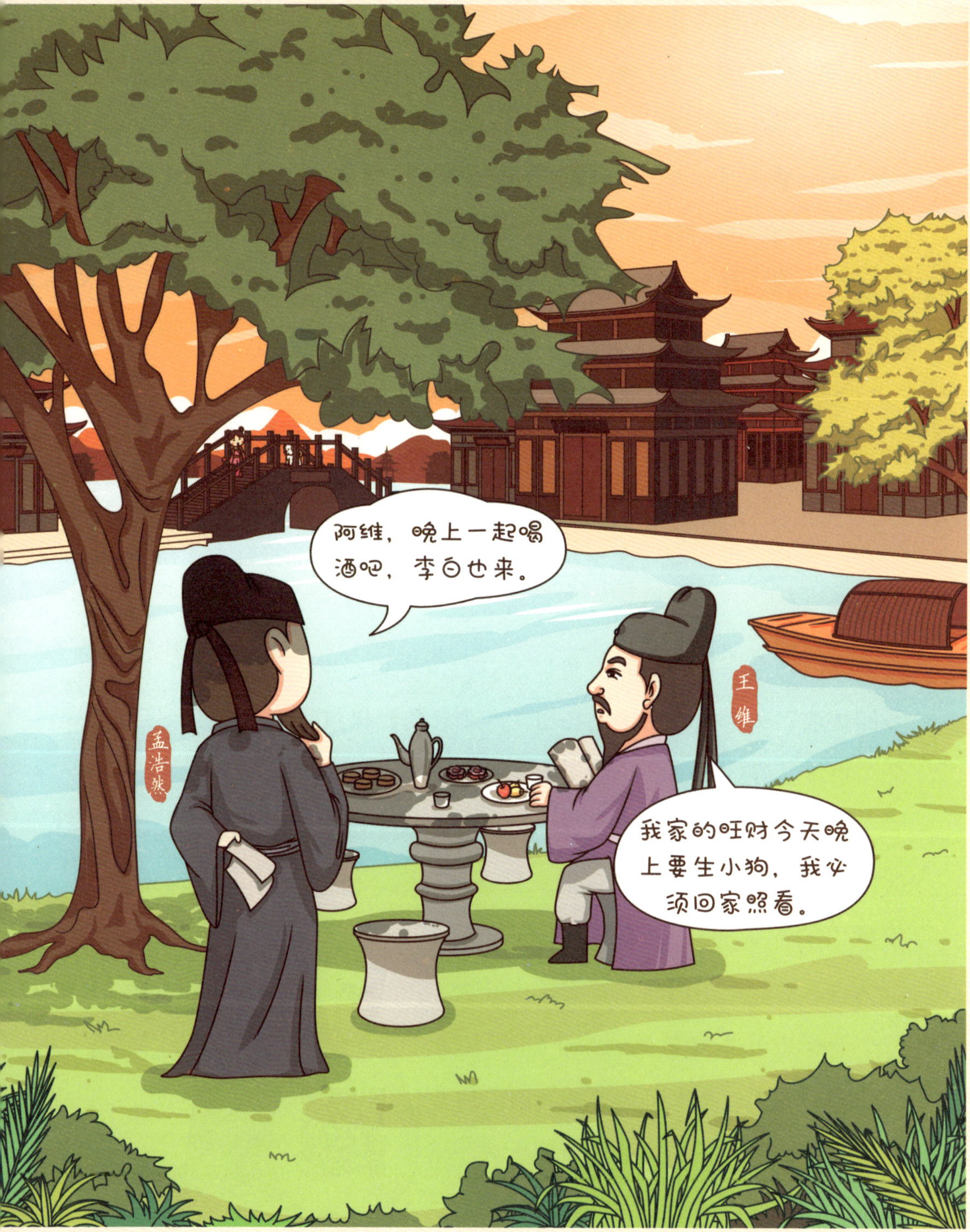
阿维，晚上一起喝酒吧，李白也来。
王维
孟浩然
我家的旺财今天晚上要生小狗，我必须回家照看。

王维 出世入世状元郎

赋诗一首，标题比正文还长，《菩提寺禁裴迪来相看说逆贼等凝碧池上作音乐供奉人等举声便一时泪下私成口号诵示裴迪》：

万户伤心生野烟，百官何日再朝天？

秋槐叶落空宫里，凝碧池头奏管弦。

当年9月，王维无奈在安禄山手下就职，岗位还是一样，给事中。第二年，政府军收复长安，因为这首控诉诗，王维被从轻处分，削官为民。

之后的岁月里，他对自己担任伪职的事情，一直耿耿于怀，甚是羞愧，觉得自己"没于逆贼，不能杀身，负国偷生"（《责躬荐弟表》）。

就像《鹿柴》里写到的青苔那样，默不作声，悄然长在角落，他已经不再期待"明月来相照"。

曾经的轰轰烈烈，早被时光烧成了灰烬。

安史之乱
反派将领
当官or不当官？
放过我这个可怜的读书人吧！
王维
收复长安
卖国贼
唐肃宗
我真的不想当他们的官。
裴迪
王大哥是被逼迫的。
王维老师，我是你的粉丝，你给我签个名再走吧！

王维 出世入世状元郎

八卦对话

< 白酒，红豆，等你

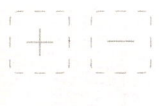

| 王维 | 孟浩然 | 贺知章 | 宋之问 | 唐玄宗 | 裴迪 |

贺知章
各位，这个群好像是我们某次喝酒的时候建的吧？

孟浩然
老贺你记错了，这是王维兄弟新诗发布的时候建的啊，当时皇上也出席了。据说这是皇上唯一加入的诗人群。

王维
一晃这么多年了，大家都没退群，我实在是太感动了。

孟浩然
🔊 15″

贺知章
老孟，你的湖北话，我听不懂啊。

孟浩然
没什么,我就是很感动。

宋之问
王维小朋友,你现在爽啦,住在我的别墅里。

王维
宋老师,我要纠正你,别墅以前是你的,这没错,但是我现在已经买下来了,有产权的那种。不过还是要谢谢你。你的别墅建得真漂亮,看得出来花了很多心思。我只是简单装修,拎包入住。

王维邀请"裴迪"加入群聊

裴迪
各位老师好,我是诗歌爱好者裴迪。我一直借住在辋川别墅,跟王维老师写诗喝酒。

孟浩然
喝酒居然不叫我。

贺知章
喝酒居然不叫我。

王维 出世入世状元郎

唐玄宗
各位爱卿，不好意思。刚才一直在处理后宫纠纷，烦死了。

唐玄宗
大家把手头的工作放一放，先聊天哈。

唐玄宗
王维，不知不觉你都人到中年了，隐居生活过得怎么样？最近在写什么新诗？

王维
禀告陛下，最近写了一首《积雨辋川庄作》："山中习静观朝槿，松下清斋折露葵。野老与人争席罢，海鸥何事更相疑。"

裴迪
服气，写得太好了。

宋之问
服气，写得太好了。如果比较我们谁更帅还有些争议，在才华上我甘拜下风！

贺知章
太美了。王维老弟，老天实在太厚爱你了。即使你不会写诗、不会谱曲、不会书法，你至少还有颜值。

唐玄宗

王维爱卿,还有兴趣出来工作吗?我这里有个空缺。

唐玄宗

聘书

孟浩然

皇上,您看我怎么样?

宋之问

皇上,您看我怎么样?

王维

我……本是一个普通老百姓,不是我不想以身许国,陛下身边的才子很多啊,我还是继续隐居吧。

唐玄宗

为什么我喜欢的诗人,都不热爱工作?

杨玉环

美人输给江山

姓　　名　杨玉环

别　　名　杨玉、太真、玉奴

生　　卒　719-756 年

职　　业　贵妃、音乐家、舞蹈家

爱　　好　跳舞、赏花、吃荔枝

荣　　誉　中国古代四大美女之一

面貌特征　皮肤白皙、吹弹可破

最骄傲的事　大唐三代诗人都为自己写过诗

干 儿 子　安禄山

临终遗言　"大唐衰落，与我何干？"

大诗人纷纷为其疯狂

她的身世很坎坷。高祖父曾是隋朝高官，后为唐太宗李世民所杀。729年，父亲去世时，她只有10岁，后被寄养在洛阳的三叔家。

很长时间，正史都没有记载她的名字。她死后大约100年，郑处诲的《明皇杂录》才首次提及："贵妃，小字玉环。"

作为中国古代"四大美女"之一，杨贵妃皮肤很好，如新生儿一般"肤如凝脂"。她美丽轻盈（后来才变胖的），顾盼生姿，天生的舞蹈家一枚，尤其精通胡旋舞，身段飘摇，翻转如风，令人眼花缭乱，是中国几千年来最优秀的舞者之一。

在盛唐，只要人长得美，就可拥有天下。杨玉环的美，就连最清高、最有才、最腼腆的诗人，都会凑上来，一个劲儿吹捧。

李白毫不犹豫地赞赏她的气质，趁着酒意，大笔一挥，当面写就"云想衣裳花想容，春风拂槛露华浓"；杜甫一向不写女人，也难得地为她写下"态浓意远淑且真，肌理细腻骨肉匀"；多情而固执的白居易，形容杨玉环的美"回眸一笑百媚生，六宫粉黛无颜色"，一回头能把后宫三千佳丽秒成渣，这种对比很夸张，白老师只恨未生活在贵妃的时代。

唐代三大重量级诗人，为同一位女性，不约而同地写出了历史上最成功的形象宣传文案。

关键是，这样色艺俱佳的女子，人缘还特别好，这也是她深得唐玄宗宠爱的原因之一。唐玄宗就需要这种平和、温暖、充满盛世气象的美。这是他的个人需要，也是大唐的政治需要。

彼时，大唐刀马入库，国库充盈。官民们前所未有地追求精神世界的享受，自信地与世界各国往来。

17岁是杨玉环人生的转折点。当时，唐玄宗的女儿咸宜公主在洛阳举行婚礼，杨玉环被公主之弟、寿王李瑁一眼看中。不久，玉环成了寿王妃，据说二人婚后很甜蜜，你侬我侬，一直过了3年。

当时唐玄宗深爱的女人是武惠妃。武惠妃是武则天的侄孙女，与唐玄宗青梅竹马。她身体不好，但拥有很多整人的"光辉"事迹，包括用手段诽谤丽妃、构陷三位亲王、害死太子李瑛等。

她胜了，但精神也垮了。737年的某个深夜，有宫女发现武惠妃因噩梦而死，年仅38岁。

心爱的女人死后，唐玄宗上班完全没精神。善解人意的太监高力士进言，说杨玉环"资质天挺，宜充掖廷"。几年后唐玄宗册封杨玉环为贵妃。

一手造就最多情皇帝

唐玄宗李隆基是一个多面人。他铁手冷血，多次发动政变且每次都能成功，帮懦弱的父亲李旦爬上帝位，才两年他就接了班；他还有一颗超级文艺的心。中国历史上，如果要评选最文艺皇帝，他与三四百年后的宋徽宗应该不相上下。

经历过残酷的政治斗争，年过半百的他累了，生活本不该如此。他最喜欢做的事，就是与杨贵妃在深宫里喝着美酒，探讨艺术。为了创作出一首曲子，配得上杨贵妃的曼妙舞姿，他亲自动笔，熬过多个通宵。

他终于创作出著名的《霓裳羽衣曲》。唐太宗李世民曾主持创作过《秦王破阵曲》，着眼气势，极其雄浑，听者无不热血偾张。而《霓裳羽衣曲》着眼爱情，足以软化世界上最硬的心脏，让人感觉到俗世生活的美好。

每当乐师们上场，唐玄宗都会站起身，亲自给杨贵妃插上金钗。一次，看完演出，唐玄宗对所有观众发表讲话："朕得杨贵妃，如得至宝也。"当时，为记录那种感觉，他又兴致勃勃地谱了一首新曲《得宝子》。

对杨贵妃的用度，唐玄宗从不限制，随便买买买。据说，宫里给她刺绣的绣娘，就有700人；为她雕刻锻造的，又有数百人。为了博贵妃一笑，唐玄宗每年总要派出专人，千里迢迢，快马加鞭，从南方运来有露水的新鲜荔枝。

很多故事，可能有想象夸张的成分，但骄奢是无疑的。看到杨贵妃如此得宠，老百姓羡慕得牙痒痒，跑到庙里祈福生个女孩，盼望着她能成为下一个"杨贵妃"。这就是诗句"遂令天下父母心，不重生男重生女"的由来。

很多人都说，女人是为爱情而活的。那古代后宫的女人呢？其实也有爱情。不过她们的爱情有一个前提：先活着。

后宫争宠的激烈程度，简直惨绝人寰。她们得不到皇帝的宠幸，即使一开始都不争不抢，也不大可能老死在宫里。

深宫，对她们来说，就是一个终生的监狱；而她们，是美丽的囚徒。

自幼父母双亡，由叔父收养长大，这使杨玉环特别重视自身的感情体验，懂得情感沟通。长大后的她是爱情至上主义者。

杨玉环是真的爱上了玄宗。估计，她也别扭过，惶恐过，可是她最后决定，努力爱上这个大自己34岁的老男人。"他大概只是年纪大了些吧"，她这么安慰自己。

她的深情，体现在日常细微之处。玄宗与人下棋，眼看要输，她招一下怀里的猫，猫儿纵身而下，碰倒棋盘，缓解了玄宗的尴尬；玄宗担忧正在发生的旱灾，她主动提出义卖，所得钱财都捐给灾区

唐玄宗

杨玉环

人民，玄宗感动。

美丽大方，风情万种，善解人意，叫人怎能不喜欢？

跟这个世界上最有权势的男人谈恋爱，是美好的，但也是危险的。贵妃与玄宗的爱情，也遭遇过危机。她曾两次得罪玄宗，并被遣送回娘家。

一次是因为她"忤逆圣意"，嫉妒其他妃子。

本来皇帝就不是一个人的专属，跟他恋爱，就要接受这个现实。那个时候，玄宗已经有五十多个子女，但偶尔也会跟感兴趣的后宫女子眉来眼去。

而贵妃重情，早就陷入一种幻觉——她跟"三郎"只是彼此的专属。这真是一个美丽的幻想。

另一次，是因为杨氏家族飞扬跋扈，朝臣多有不满。为了顾全大局，玄宗将贵妃遣回娘家，当作警示。

只是爱情实在太伟大，每次贵妃刚走，玄宗就茶饭不思，急剧消瘦。而贵妃走得也很不情愿。她知道男人要面子，即使贵为皇帝。所以，她总是率先认错。

两个爷孙辈的情侣，撒娇、试探、嗔怒、置气、郁闷、甜蜜，来来去去，攻攻守守，耍着小性子。风波过后，恩爱更甚。

看起来，确实是真的爱情。

历史上最著名的舞蹈家

1. 西施，春秋时期宫廷舞人。越王勾践为向吴国复仇而使出美人计，把西施送给昏庸好色的吴王夫差。夫差得西施后，终日沉溺在歌舞和酒色之中，不理朝政。西施经常脚穿木屐，裙系小铃，在婀娜优美舞姿中，发出沉重的"铮铮嗒嗒"的回声。

2. 赵飞燕，汉代著名舞人。她聪明伶俐、窈窕轻盈，学习歌舞时精心、刻苦，终于出人头地。由于她的舞姿特别轻盈，故人称"赵飞燕"。后被汉成帝看中，召入宫中，封为"婕妤"（女官名），数年后立为皇后。

3. 杨玉环，唐玄宗李隆基的宠妃，唐代著名舞蹈家。她生得丰满艳丽，是盛唐典型的美人。她音乐素养很好，会演奏多种乐器，歌舞尤为出色。除了擅长表演《霓裳羽衣舞》，她跳的《胡旋舞》也很好。

4. 公孙大娘，开元盛世"第一舞人"。善舞剑器，舞姿惊动天下。她在民间献艺，观者如山。她创造了多种剑器舞，如《西河剑器》《剑器浑脱》等。公孙大娘最著名的粉丝是大诗人杜甫。

大唐的"背锅侠"

历朝历代，后宫有"贵妃"无数。但杨玉环出现后，这个称谓就只属于她了。

最初，杨贵妃是完全不参与政事的。但是，唐玄宗太爱她，可说是言听计从，不知不觉就使她有了政治影响力。

这一幕不应该出现在玄宗身上。他是经历过女人乱政的，也先后除掉了太平公主、上官婉儿、韦皇后等著名女权主义者。可能真的是，英雄难过美人关。

没几年，杨贵妃的家人纷纷走上了重要领导岗位，可谓"一人得道，鸡犬升天"。其大姐被封为韩国夫人，三姐被封为虢（guó）国夫人，八姐被封为秦国夫人，每月各赠脂粉费十万钱。远房兄弟杨钊本是无业混混，浪迹街头，后来改名杨国忠，居然成了大唐宰相。

外戚杨家，不知不觉成为一股庞大的政治力量，甚至可以左右朝政。

人无远虑，必有近忧。盛世的表皮下，其实已经千疮百孔。就在唐玄宗和杨贵妃享受神仙生活的时候，北方的安禄山已经磨刀霍霍。

安禄山是个阴谋家，很善于做表面文章。他长得很胖，却喜欢跳舞，经常逗得玄宗和贵妃哈哈大笑。后来贵妃力排众议，收安禄山为干儿子，尽管她比安禄山还小16岁。这是贵妃最受世人诟病的劣迹。

756年，一切安排妥当，安禄山在范阳（今河北涿州）起兵。由于当时"天下承平岁久，以致百姓不识兵革"，不少官吏吓得直接逃走，即使少数将领拼尽全力，也难抵叛军有备而来。半年多，叛军已经打到长安附近。刚从温柔梦中觉醒的唐玄宗，带着杨贵妃仓皇出逃。

他们跑到了陕西省兴平市西约11公里的马嵬（wéi）坡，御林军将领密谋砍死了宰相杨国忠。

他们向玄宗请愿，要求赐死"祸国者"杨贵妃。玄宗舍不得。在将士们的怒吼声中，最后他做了一个艰难的决定——御赐七尺白绫，命贵妃缢死。

贵妃咽气的时候，满面是泪，既有对爱情的执着、对恋世的诉说，也有对罪恶的洗脱。

后妃甲
后妃乙
为什么皇上只喜欢杨玉环？
我羡慕她的皮肤，可以为化妆品代言了！
杨玉环
我喜欢她跳舞的样子，真好看！
唐玄宗
关键玉环的性格还特别好！

那些天，马嵬坡持续暴雨，是唐玄宗一辈子见到的最恶劣天气。有唐一代，他是在位时间最长的皇帝（在位44年）。赐死杨贵妃后，他又苟活了6年。

每当下雨天，他就陷入狂躁，呜咽悲伤，向天狂啸。他在有限的生命里，做无限的忏悔。

杨贵妃死时，年龄跟前任武惠妃相仿。

也有人说，杨贵妃并没有死，她东渡日本，避祸数十年后才病死。但理性地分析，那只是一种美好的传说。

权力逻辑之下，一切都成了套路。到最后，美人还是输给了江山。

著名作家鲁迅说："我一向不相信昭君出塞会安汉，木兰从军就可以保隋；也不相信妲己亡殷，西施沼吴，杨妃乱唐的那些古老话。我以为在男权社会里，女人是绝不会有这种大力量的，兴亡的责任，都应该男的负。但向来的男性的作者，大抵将败亡的大罪，推在女人身上。"

安史之乱是男人之间的事情，不应该由一个女人来负责。于是，杨玉环成了唐朝最大的背锅侠。

杨玉环　美人输给江山

八卦对话

< 舞之魂

杨玉环　唐玄宗　寿王李瑁　李白　高力士　杨国忠

公孙大娘

唐玄宗
小环环在吗，好想再看你跳一次舞！

杨玉环
臣妾在！只要三郎想看，随时可以。

唐玄宗
咳咳，群里还有别人在呢。

寿王李瑁
父皇，我为什么在群里，这也太尴尬了！

唐玄宗
你是个孝顺的孩子，父皇一定会补偿你的，相信朕。

高力士

因为工作原因，经常可以看到贵妃跳舞，我真是三生有幸！

李白

我愿意为贵妃写软文，"云想衣裳花想容，春风拂槛露华浓"。

高力士

这两句诗是什么意思？

李白

我用你能懂的语言翻译一下吧——"贵妃啊贵妃，你喜欢什么颜色的癞蛤蟆，我可以去染。"

唐玄宗

李白，不要对贵妃有什么想法，他是大唐的国母！

李白

臣明白，臣遵旨！

杨国忠

现在知道我妹妹的厉害了吧，她一出生，我就觉得她能成大事儿！

杨玉环 美人输给江山

寿王李瑁
> 你就吹吧，如果不是我，她能变成王妃吗？如果不是成了王妃，父皇怎么能发现她……的舞蹈才华？🙈

公孙大娘
> 今天趁着大家都在，我们大唐舞蹈家协会想请贵妃做名誉会长兼形象代言人，不知道可不可以？

唐玄宗
> 你就是杜甫作品"昔有佳人公孙氏，一舞剑器动四方"里的那个公孙氏？

公孙大娘
> 正是民女！🙇

唐玄宗
> 贵妃，朕觉得可行，让我大唐子民都跳起来吧！

杨玉环
> Yes，I do.（好吧，我愿意。）

李白

今天应该把杜甫老弟拉进来,他最喜欢看跳舞了!可惜他很少出现在高大上的场合,所以他从来没见过贵妃娘娘跳舞,太遗憾了!

李白邀请"杜甫"加入群聊

李白

音乐都准备好了——《贵妃醉酒》。

杨玉环

看来今天不跳都不行了。

唐玄宗

跳吧,我喜欢跳舞的你!*美得不要不要的*

来听故事吧

郭子仪

所有成功，缘于厚道

姓　　名　郭子仪

别　　名　郭爷、郭令公、郭汾阳

生　　卒　697-781 年

籍　　贯　陕西渭南

职　　业　军事家、心理学家、谈判专家

身　　高　1.80 米

最荣幸的事　姓郭

最满意的身体部分　大胡子

荣　　誉　安禄山的"克星"，担任宰相多年

谥　　号　忠武

人生格言　除了厚道，还是厚道

来听故事吧

一个老头解开了大唐的"绞索"

安史之乱中登基的皇帝唐肃宗拉着他的手,哭着说:"如果不是爱卿,我们大唐早就没了!"千年之后,曾国藩谈到此人时,甚至一脸崇拜地表示:他年轻的时候要当曾国藩,中年的时候要当曾国藩,但老了要当郭汾阳。

郭汾阳,即郭子仪。如果不是他力挽狂澜,大唐289年的生命,可能只剩一半。

郭子仪,陕西渭南人。跟曾国藩相比,他长得更帅,活得更长,其生命长度几乎跨越了三分之一个唐代的存亡时间。

他就是为平定"安史之乱"而生的。乱起之时,他已年过六旬,却眼不花、背不驼、手不抖,头发根根刺立,很是威武雄壮。

在战场上,他不是唯兵力论者。他用脑子打仗,经常只带几个参谋,深入敌营搞谈判。他口才很好,长须飘飘,给人一种信赖感,是做思想政治工作的高手。

在漫长的岁月里,他被封代国公、汾阳郡王,进位中书令,死后谥号"忠武"。

可以说,你能想到的国家荣誉,他都得到了,拿奖拿到手抽筋。甚至皇帝会经常发愁,不知道他再有军功,应封他什么官职了。

中国历史上,将星闪耀,英雄出没,但很遗憾,他们大都活不长。项羽,而立之年就走了;霍去病,仅23岁便因病去世;岳飞,

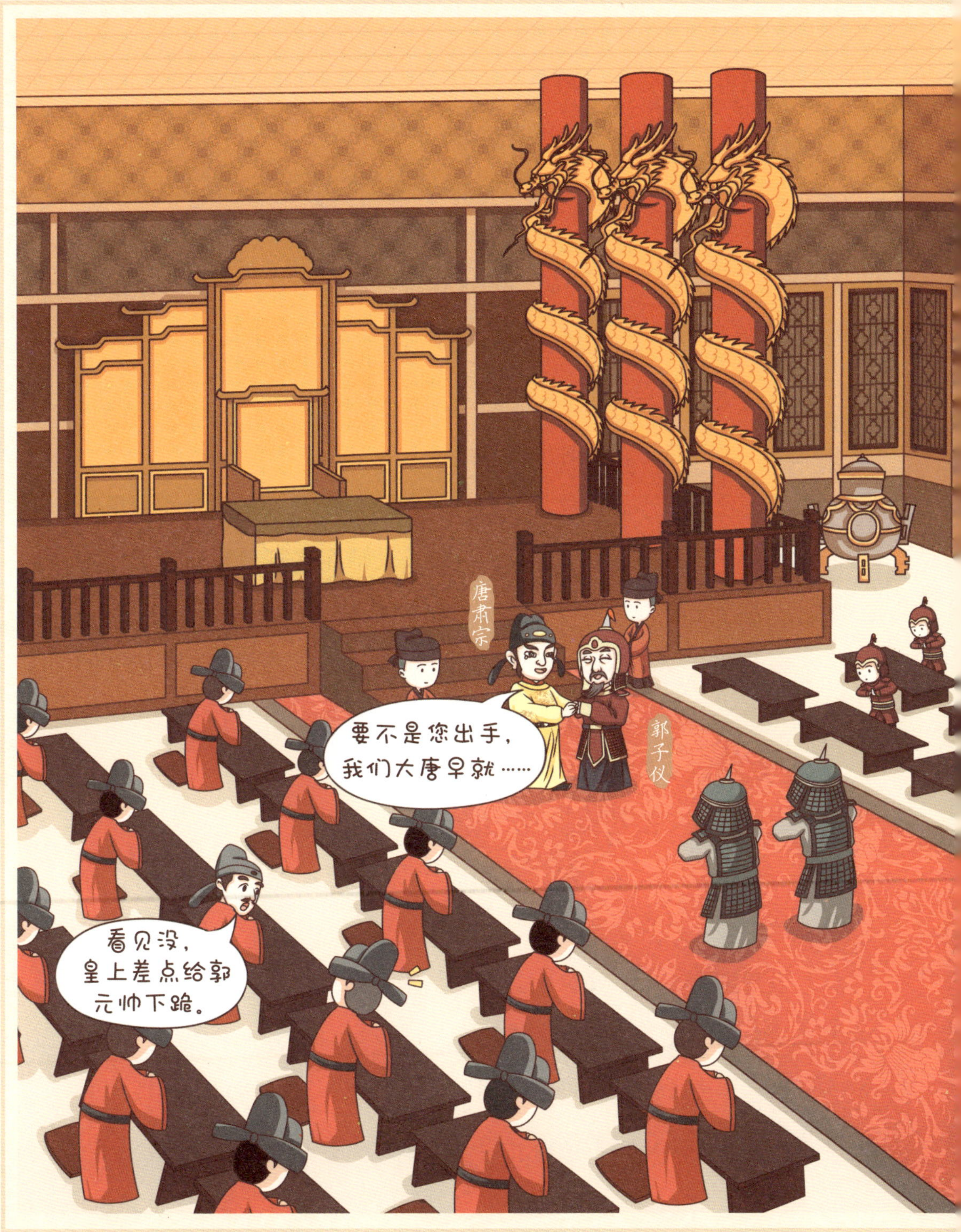
唐肃宗
郭子仪
要不是您出手，我们大唐早就……
看见没，皇上差点给郭元帅下跪。

39岁就被处死；李自成，39岁兵败自杀。

虽然寿命长短不是衡量人生的唯一标准，但是如果他们活得更长久一些，会不会创造出更多精彩？

且看这位长寿的郭子仪。他的一生活得实在太漂亮，史书里找不到第二个人。几次当大元帅，保四朝皇帝平安，唐德宗尊他为"尚父"，满朝文武皆部下，以84岁高龄笑别沙场。他还是中国几千年历史中，唯一一位位至宰相（曾两度为相）的武状元。

他很懂朝堂与政治。政治这玩意儿像座火山，越往上爬，越往中心靠，就越热乎，同时也越危险，一不小心就会掉进火坑。

郭子仪活得小心翼翼。他的座右铭是以德服人。当时的官场奉行"使绊子、放冷箭、说假话"，所有人都在精打细算。郭子仪的崛起，是个奇迹。

说起郭子仪，不能不提安禄山。安禄山是营州柳城（今辽宁省朝阳市）混血胡人，母亲改嫁安延偃。他最初在幽州节度使张守珪手下当差，被张守珪收为义子，后来还被推荐给朝廷。也可以说，安史之乱，缘于张大人的一次看走眼。

安禄山是唐代最大的"笑面虎"。但唐玄宗毫无防范之心，他喜欢这个胖子，喜欢到不行。

没想到755年，安禄山造反了。叛军起势凶猛，黄河以北的文官武将，死的死，降的降，逃的逃。

唐玄宗毫无准备，环顾四周，无人可用。这时候，有人推荐了花甲之年的郭子仪。要知道，当时大唐百姓的平均寿命，也不过40岁左右。

郭子仪 所有成功，缘于厚道

唐朝已建立100多年，和平安稳是其主旋律，没有发生过大型战争，军队战斗力无形中减弱，而郭子仪成了挽救军队的大神。自接受任命开始，他领导的军队一路旗开得胜。他还举荐了大将李光弼。二人相互配合，不仅收复了众多失地，还打败了叛军二号人物史思明。

做了一辈子武将，他从不喜欢墨守成规。为了达到胜利的目的，什么好招损招，他全用上了。

他的作战日记里，记录着这样四句话——"贼来则守，贼去则追，昼扬其兵，夕袭其幕"。如果用三个字来总结这种作战方式，那就是"游击战"！

郭子仪在河北的辉煌战绩，扭转了唐军仓促应战的被动局面。眼看战乱即将结束，在某些坏人的鼓捣下，朝廷又开始出昏招了。

传说：单骑退回纥

叛徒仆固怀恩使诈引回纥、吐蕃入中原滋事，郭子仪率兵屯驻泾阳。

敌军围城，郭子仪亲自上阵。

回纥兵奇怪地问："这个人是谁？"

得知是郭令公后，他们吃惊地说道："郭令公还在吗？仆固怀恩说大唐天子驾崩，郭令公去世。"

郭子仪对回纥兵道："帮我问问你们的首领，过去你们不远万里，帮助我们平定叛贼，我和你们共患难过。现在你们抛弃旧友，帮助叛变臣子，对你们有什么好处？"

回纥首领派人回话："我们本来以为郭令公去世了，不然怎么会来这里。既然令公活着，我们能见一面吗？"

郭子仪便要出城相见，部下纷纷劝阻。郭子仪说："敌军是我们的几十倍，我们无法抵敌，我要用诚意感动他们。"

他仅率几十名骑兵出城，面见回纥首领。起初，回纥兵还有些戒备，但他的大将之风和诚意终于打消了回纥兵的顾虑，使回纥兵都放下兵器下马跪拜。

郭子仪又与回纥首领一起喝酒，送绸缎结交，发誓和以前一样友好。郭子仪还成功劝说回纥首领和他一起回击吐蕃。

就这样，唐朝危机又一次解除了。

唐朝官场"老将军"

郭子仪战功累累，但也几经沉浮。因为朝廷里质疑他的、嫉妒他的、痛恨他的人，一直不少。在他们一次次的造谣中伤下，郭子仪多次被罢官。

一个人要干点事，不容易。很多英雄是业务型干部，都不善于处理人际关系。他们在战场上无往不胜，最后却在小阴沟里翻了船。

郭子仪是历史上难得的升级打怪能手。他是怎么在人事关系的枪林弹雨中突围的？

他面对的第一个"怪物"，是太监鱼朝恩。这个鱼公公曾侍奉

郭子仪　所有成功，缘于厚道

玄宗和肃宗，深得信赖，后来被封郑国公，是唐代走向宦官专权的一个标志性人物。

鱼公公一向嫉妒郭子仪，找机会就给穿小鞋。相州之战，本是鱼朝恩指挥有误，他居然把责任都推给郭子仪，在唐肃宗面前说了不少坏话。结果郭子仪的兵权被削，还被调回京师。

奇怪的是，郭子仪对这种安排毫不在意，安心回家抱孙子去了。

唐代宗在位期间，有人挖了郭子仪父亲的坟墓，当时盛传这事是鱼朝恩派人指使的。但郭子仪的回应，同样出人意料。

"臣久主兵，不能禁暴，军人残人之墓，固亦多矣。此臣不忠不孝，上获天谴，非人患也。"

如此心胸和气度，世间少有。后因战事需要，朝廷只得起用郭子仪。颁诏后，鱼朝恩偷偷干预，郭大英雄居然半个多月也没能赴任。

可是能想象吗？后来鱼朝恩成了郭子仪的朋友。史书里是这么写的，鱼朝恩约郭子仪同游寺庙，宰相元载怕二人联手，便偷偷警告郭子仪，这一次鱼朝恩想要他的命。

结果，郭子仪带了几个随从就出发了。他对部将说："鱼总管不至于滥杀大臣，如果他有皇命在身，我们也是不能反抗的。"

聚会中，郭子仪也把这个想法告诉了鱼朝恩，并开玩笑说："我只带几个随从来，如果真有这事，也免得你动手时太麻烦。"

鱼朝恩十分感动，边说边抹眼泪："只有郭元帅，能做到这么坦荡无私啊！"此后二人再无交恶的记录。

他面对的第二个"怪物"，还是宦官。

宦官程元振，多次陷害郭子仪。程元振一直以郭子仪功高震主，可能会难以控制为由在皇帝面前煽风点火。762年，唐代宗欲任命郭子仪为镇压叛军的副元帅，被程元振作梗而作罢。

一个战功赫赫的英雄，成了包工头。他被派去给唐肃宗修陵墓，职位是山陵使。受了这般委屈，郭子仪仍然低调，整天笑容满面，像没事人一样。

为了国家大事不被耽误，也为示自身清白，他将肃宗前后赐给他的诏书、敕命千余件，汇编成二十余卷，上奏代宗。代宗看后表示很惭愧，一个劲儿向郭子仪道歉："都是有人乱说，我错怪了老将军，以后再也不怀疑你了！"

就连郭子仪的战友、同为名将的李光弼，也被他征服了。李光弼很能打，经历与郭子仪类似，都曾在朔方镇当将军。但是郭子仪忽然一飞冲天，李光弼很失落，开始与郭子仪唱反调。

郭子仪 所有成功，缘于厚道

唐玄宗曾让郭子仪推荐一位得力大将，任务是平定河北。郭子仪立马推荐了李光弼。李光弼认为这是借刀杀人，赴任前找到郭子仪，希望他不要为难自己的妻小。郭子仪生气地说："兄弟，你怎么会这样想？国难当头，大家都该抛弃私心，共赴战场啊！"

李光弼听后非常感动，从此与郭子仪前嫌尽释。

真正的"五福老人"

郭子仪的成功，源于良好的家教熏陶。

郭家的祖先曾为周朝征战四方，在漫长的岁月里，以忠勇著称。凡是郭家儿郎，从记事起，便经常得到忠勇之训示。

在父亲郭敬之的教育和影响下，郭子仪从小爱读兵书、练武功。他写诗的水平虽然一般，武术方面却是一把好手。国家刚实行武举制，他就直接拿下了首届武状元。唐玄宗时期，文胜于武，但郭子仪淡定地积蓄力量，为自己的一飞冲天做好了所有准备。

机会只垂青有准备的人。除了武状元这个荣誉，郭子仪的前半生几乎都没有其他成就。倒是有个传说，说他遇到过李白。当时，他在山西从军，因犯军纪，按律当斩。一陌生人刚好路过，为他求情，救下他一命，据说那个人名叫李白。这是唐代头号诗人与头号武将的直接碰面。如果此事为真，李白也算间接救了大唐。

郭子仪在一生中不仅要求自己厚道，还要求家人厚道。这也让自己和家族躲过了很多劫难。

他被封为汾阳王后，就不让家丁们晚上关上府门，要像菜市场一样任人进出。很多人不理解。郭子仪说，围起高墙，关起大门，别人一定会怀疑他有不轨企图，还不如干脆敞开迎客，以示他没政治野心。众人听后，皆拜服。

郭子仪不仅厚道，还喜欢做傻事。大唐几次爆发财政危机，他都用自己的俸禄购买军马，亲自带领士兵屯田种地、生产军粮，收获的粮食和菜果全部交公，自己不留一粒米。

他在家庭生活中很重视细节。有两个故事可为佐证。一是他70岁大寿的时候，所有家人齐上阵，只有六儿媳升平公主没到。儿子郭暧一气之下打了公主。郭子仪闻讯，马上绑着儿子向皇帝请罪，幸得代宗没有怪罪。这就是著名戏剧《打金枝》的由来。

郭子仪　所有成功，缘于厚道

郭子仪：都是元帅，为什么你能得到皇帝的信任，我却不能？

岳飞

左卫大将军
兵马副元帅
奖
振……
代国……
中武

军功再大，也要谦虚啊。

我很谦虚啊，中间还辞职回河南老家了。

河南

你那是假装辞职！不叫谦虚！

二是他曾接待一个叫卢杞的人，事先让府中所有女眷歌伎躲起来。有人问原因，郭子仪说，卢杞此人，长得奇丑，而心胸又小，如果谁看到他的长相而发笑，以后就遭殃了。后来卢杞做了宰相，果然疯狂报复那些曾经嘲笑他的人，甚至抄家、灭族了不少人。

……

781年，郭子仪辞世，走完了他伟大的一生。当时执政的唐德宗沉痛悲悼，废朝5日。

按国家律令规定，一品官的坟墓不得高过1丈8尺。可是，朝廷下达特别诏令：为郭帅的坟墓加高10尺。

生前很辉煌，死后被尊崇。他的墓志铭全文，很长很长，未免啰唆。其实，在他的墓碑上，刻八个字就够了——

"所有成功，缘于厚道。"

郭子仪　所有成功，缘于厚道

八卦对话

< 做人要学郭老师

李光弼　郭子仪　唐玄宗　鱼朝恩　安禄山　李白

李光弼
大家好，这个群是我为自己的偶像郭子仪将军建的，有空大家多唠唠！

鱼朝恩
你跟郭子仪不是死对头吗？你们怎么在一起了？

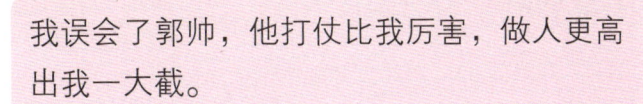

李光弼
我误会了郭帅，他打仗比我厉害，做人更高出我一大截。

唐玄宗
@李光弼 为你的认错点个大大的赞，这才是咱大唐的好军人嘛！@郭子仪 爱卿，说来惭愧，你活到快60岁了还在基层蹉跎岁月。如果我早点发现你，何至于出现那样的大乱子？

125

安禄山

郭子仪,如果不是你,我早就当上皇帝了,我讨厌你!

唐玄宗

小安子,你还有脸说话,亏我和玉环那么信任你,你是怎么报答我们的?你简直是《农夫与蛇》故事里面的蛇。

李白

我要自我表扬一下,如果不是我,你们的郭帅早就成了刀下冤魂,大唐也就万劫不复了。

郭子仪

@安禄山 你真的很无耻,你知道有多少人在战争中丧生吗?@李白 谢谢李老师,我是您的铁粉啊,估计唐代群众没几个人不喜欢您的吧?!

李白

啊,这个嘛,其实不止唐代啦,后面几个朝代的人都喜欢我。

鱼朝恩

我能说一句吗?我一直以为有军功的人,一定会造反,看来是我想多了。我对不起郭将军。

郭子仪 所有成功，缘于厚道

郭子仪
鱼公公快别这么说了，您也是为了大唐。

郭子仪"拍了拍"鱼朝恩

鱼朝恩
我今天还是承认了吧，郭元帅的祖坟确实是我挖的。我是想用激将法，可是没想到郭帅那么有涵养……

唐玄宗
一个太监都能知错就改。大家快来看呀，朕的大唐，藏龙卧虎！

安禄山
快别吹了，如果不是你重用奸臣，我也不会打得那么顺利。

唐玄宗
安禄山，你害死了玉环，她对你那么好。

郭子仪
我就是看安禄山不厚道，才打得那么带劲。

唐玄宗
安贼，滚出！

鱼朝恩：安贼，滚出！

李光弼：安贼，滚出！

李白：安贼，滚出！

安禄山退出群聊

来听故事吧

白居易

一个合格的"京漂"

姓　　名	白居易
字　　号	乐天、香山居士、醉吟先生
生　　卒	772-846 年
出 生 地	河南新郑
外貌特征	满头白发（因为血热）
荣　　誉	唐代三大诗人之一
绰　　号	"诗魔""诗王"
代 表 作	《长恨歌》《卖炭翁》《琵琶行》等
座 右 铭	文章合为时而著，歌诗合为事而作

来听故事吧

大唐热搜第一名

白居易的祖先是胡人，据说还是龟兹（qiū cí）国的王侯，不过后来没落了。

他是白家的骄傲。父亲白季庚44岁才得子，对他倍加珍惜。这个孩子好像没有其他的爱好，就是爱摆弄文字。史载，他刚出生六七个月，就能正确分辨"之""无"二字。

白家祖上数代，"世敦儒业，皆以明经出身"。由于这种"基因"的遗传，白家子孙都很早学会了写诗，到了白居易这一代，就更不得了了。他是十里八村公认的神童，写的诗句如鬼斧神工，清新自然，直抵人心。由于家里穷，他无书可读，但他很刻苦，为了练习口才，一直练到口舌生疮；为了学习书法，一直练到手上满是厚茧。

白居易的身体不太好，他的病，都是写诗写出来的。春夏秋冬，他不敢有一丝懈怠，怀里常揣着一个笔记本，走到哪儿，记到哪儿。几十年前，李白跟杜甫联手，也只写了2000余首，而白居易孤军奋战，就写了3000首。

像其他读书人一样，他走上了科举的独木桥。这条路他走得顺风顺水，后来他在回忆录中写道："十五六，始知有进士，苦节读书。"

当时，他已经练就一颗善感的心。那时他的父亲在徐州、衢州及苏杭等地做官，调动频繁，他也在江南生活了7年，这段经历很

白居易 一个合格的"京漂"

重要。

唐代最著名的几位大诗人，多出自河南、山西、四川等地，他们的生命中有刚硬孤傲的一面，而江南的游历让他们的诗句变得柔和。如果给大诗人们画一幅人生地图，你会发现，他们同时也是旅行家。

一路上的风景，在凡夫俗子看来，只是风景。而在大诗人眼中，这些风景却是打开世界的密码。这个世界是属于有心人的。

> 我白居易一出门，千山鸟飞绝，万径人踪灭！

白居易

在唐代，要想在诗坛混出点名堂，怎能不去那座伟大的城市？

790年，白居易终于来到长安，那是他心目中最神圣的殿堂、全世界思想最自由的城市，来自这个星球上各个地方的人皆在此一竞风流。

王朝的大度和包容，在京城里无处不在——在朱雀大街上，在每一间酒肆中，甚至在每一个行人的脸上。这个城市是诗人的殿堂。一个神句的诞生，上到皇家成员，下到贩夫走卒，都会抢着吟诵。写诗、看诗、吟诗、唱诗，这就是当时最大的时髦。

白居易隐约有一种预感，自己会成为这个城市的新话题。按照父亲的意思，他先去城东拜访前辈顾况。

顾况见了他的名字，打趣道："长安百物皆贵，居大不易。"白居易马上献上自己备好的新作——《赋得古原草送别》：

离离原上草，一岁一枯荣。

野火烧不尽，春风吹又生。

远芳侵古道，晴翠接荒城。

又送王孙去，萋萋满别情。

顾况一生见过无数文学青年，其中有资质平庸的，有附庸风雅

的，有流星即逝的。此时，他也不禁怔住了，改口道："有句如此，居天下亦不难。老夫前言戏之尔。"

这首诗迅速在长安走红，加上顾况及时点赞，他如此轻松地登上了大唐热搜榜。疯狂的长安诗迷们一夜之间知道了他——白居易，字乐天。

人生得一知己足矣，何况三个

后人爱李白，称他为"诗仙"；爱杜甫，称他为"诗圣"；也毫不吝惜地将两个称号送给了白居易——"诗魔""诗王"。

白居易能成长为诗坛领军人物，除了才华，还因为他的好人缘。

自古文人相轻，要当文坛盟主，谈何容易？但白居易的人品和文品，众诗人是服气的。他有三个名气很响的知己。

第一个知己，叫元稹。两个人首次见面约在802年。他们一起被任命为校书郎（图书管理员兼校对）。在唐代担任过这一职务的，至少还有以下大腕：杨炯、张说、张九龄、王昌龄、刘禹锡、李德裕、杜牧……

职务卑微，白居易工作却很卖力，因为坐在他办公桌对面的那个人，叫元稹。颇为相似的人生经历、对新乐府诗的共同倡导、对黑暗官场的痛恨，让他们成了知己。

他们的一辈子，就是和诗相伴的一辈子。827年，他们开始编纂唱和总集《因继集》。次年,《因继集》二、三卷成,所有的诗达到十七卷、近千首之多。

二人惺惺相惜,能见面就面聊,如果不能见面,他们也利用一切机会寻找对方的踪迹。据记载,他们甚至在途经的驿站寻找彼此的文字(古人有在驿站涂鸦的习惯),一找就是一整天。

831年,元稹暴死在武昌军节度使任上。元稹的灵柩运到洛阳,白居易拄着拐杖,亲自到灵前祭奠,并为其撰写墓志铭。一天深夜,他梦见元稹跟自己说话,醒来时泪流满面,继而写下感动无数人的千古名句:"君埋泉下泥销骨,我寄人间雪满头。"

第二个知己,叫刘禹锡。白居易和刘禹锡的友谊很耐人寻味,因为他们初次见面时,都已经五十多岁,典型的夕阳之交。

此前,他们互相仰慕,算是神交已久的笔友,经常称赞彼此。直到826年,他们才第一次见面,地点是扬州。当时,刘禹锡刚由安徽和州刺史罢归洛阳,白居易也因病不再担任苏州刺史。

此前他们各有知己,元稹是白居易不可磨灭的回忆,柳宗元是刘禹锡午夜梦回的想念。失去知己的他们就像折翅的天使,在人间苟活。他们原本以为,大半生的酸甜苦辣过后,这辈子再无知己可遇。可是老天的安排总是出人意料。

晚年遇知己,白居易也很有心,将自己和刘禹锡的130多首唱和诗编成了《刘白唱和集》,此集一出,天下手抄本大行。

年纪越大,白居易越喜欢来两杯,笔名也改成了"醉吟先生"。白居易、刘禹锡,还有酒,成了打不垮、驱不散的"铁三角"。

生命的最后阶段,他们共同在孤独中寻找温暖,并且将这种感

白居易 一个合格的"京漂"

觉传递给广大读者，如果要在他们的诗作中找佐证，估计是这两句："同是天涯沦落人，相逢何必曾相识。"（白居易《琵琶行》）、"人世几回伤往事，山形依旧枕寒流。"（刘禹锡《西塞山怀古》）。

第三个知己，叫李商隐。白居易比李商隐整整大40岁。但是难以想象，名满江湖的白老师竟然是孙子辈诗人李商隐的铁粉。毕竟白居易的诗就像他的姓一样，直白通俗，为劳动人民代言，而李商隐的诗却幽深朦胧得有点过分，注定只属于文学爱好者；从性别上看，白大师的男粉多，李才子的女粉多。

这样的两个人，谁粉谁，似乎都很奇怪啊！可是两个人的感情之深，令人匪夷所思。846年，白居易走到了生命的尽头，他请李商隐给自己撰写墓志铭，还情真意切地说："希望我死了以后，转世投胎做你儿子，你可要好好教我啊！"

真的很巧，白居易死后不久，李商隐便得一子。他满怀期待地给儿子取名"白老"，可惜"白老"文艺细胞有限，对诗歌很不感冒。李商隐的好朋友温庭筠曾打趣道："如果这个儿子是白居易投胎，就太羞辱白老师了。"

李商隐不死心，与夫人再接再厉，不久又添了一个儿子，取名"李衮师"。这个儿子少有文才，过目不忘，可惜，就像方仲永一般，不久就泯然众人。

李商隐的"接班人"计划，宣告失败。

来听故事吧

李杜完美接班人

古代诗人的骨头硬,白居易是硬上加硬。他活了 70 多岁,历经 8 位在位皇帝,任职过 20 多个岗位,敢作敢为的硬汉本色从来不改,得罪了一大批当权派。

本来国运已衰,他偏要挑战历史规律;明知拍马屁在官场的重要性,他偏要 3 次给皇帝进谏;明知写时评危险,他偏要写,而且像打了鸡血似的每天好几篇,每篇都会得罪人。

如果说李白是一片云,不着边际;那白居易就是一块铁,坚硬无比。

早年他就是李白、杜甫的忠实粉丝,能背几百首他们的作品,并在内心悄悄立下一个人生小目标:超过李杜。狂妄,真是年轻人的专利。

在白居易看来,这个世界从来没有变过,变的是穿梭在这个世界上的人。现在,轮到他来诠释这个世界,该如何认识这个复杂的世界呢?正如遇到一生好友元稹时,他说的那句话:"我们写诗,如果不写现实,那写了又有什么用?"

为了写好《长恨歌》,白居易曾经冒着杀头的危险,偷偷跑到皇宫,去凭吊唐玄宗和杨贵妃当年的遗迹。仅凭这种求实的精神,就能秒杀很多无病呻吟的读书人。

他的硬骨头,连皇帝都钦佩。

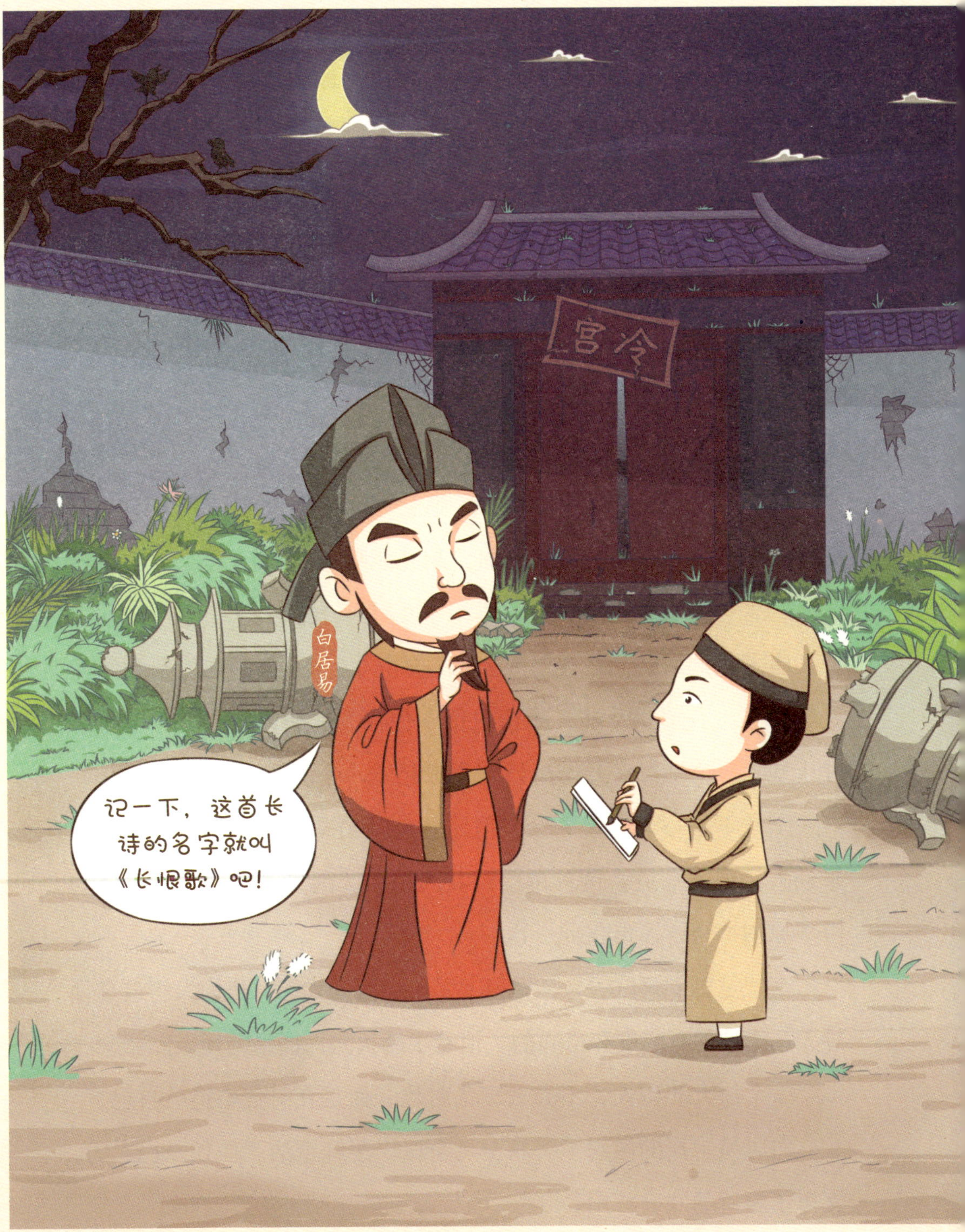
冷宫
白居易
记一下，这首长诗的名字就叫《长恨歌》吧！

846年，唐宣宗李忱走马上任。他想到的宰相第一人选，便是白居易。几乎没人知道，白老师是他一生的最爱。

无聊又凶险的皇族生活中，他爱躲在宫中看诗文，也只有此时，心里才有稍许慰藉。对白老师的人品和政治才能，他悄悄点赞转发。可惜，二人从未有机会见面。

他心里只有白居易，甚至诏书都已拟好，正待发出，有人悄悄告诉他，白先生刚刚去世。这位爱才的皇帝，抑制不住内心的遗憾，当即挥毫写下《吊白居易》一诗：

缀玉联珠六十年，谁教冥路作诗仙。

浮云不系名居易，造化无为字乐天。

童子解吟长恨曲，胡儿能唱琵琶篇。

文章已满行人耳，一度思卿一怆然。

唐宣宗的大致意思是："老白，你奋斗了60年，谁能料到忽然走了！唉，我造化不够，想留也留不住你。你的诗正在大唐的每一寸土地上尽情地发芽开花！只是我想起你，心情就特别低落！"

李忱不是写诗专业人士，但这首诗写出来，着实情真意切、诚挚动人。他不知道，这首诗已经载入史册。因为古往今来，皇帝为臣子原创悼诗，可能仅此一次。

李忱是真了解白居易，算得上是未谋面的知己。作为大唐最高领导人，李忱是有高度和格局的，他看中的，是白居易的硬气和智慧。

一个伟大的诗人，不会去责备时代，而是在时代中造就自己。

白居易，真的做到了——至真至诚，至纯至洁。他凭一己之力，支撑了唐诗的残破江山。

江南
白居易
顾况
长安
你有什么爱好和特长？
喜欢旅游，
酷爱写诗。
看你的名字，是想在长安白吃白住？
离离原上草，一岁一枯荣。野火烧不尽，春风吹又生！
好诗啊，有好诗就一定能白吃白住了。

八卦对话

‹ 今朝酒醒长安

白居易　元稹　刘禹锡　李忱　韩愈　李商隐

元稹：白兄最近有什么新作？

白居易：最近就是喝酒，较少写诗。

刘禹锡：有什么烦心的事情吗，白兄弟？

白居易：改天过来喝酒，好好跟你说说。

白居易：

‹ 大唐顶级诗人　···

白居易
谁有空喝几杯？

白居易 一个合格的"京漂"

< 新乐府促进会　　…

白居易
谁有空喝几杯？

< 河南新郑老乡　　…

白居易
谁有空喝几杯？

< 乘风破浪的哥哥　　…

白居易
谁有空喝几杯？

< 长安时评爱好者　　…

白居易
谁有空喝几杯？

元稹
白兄，你是有多想喝酒啊？

白居易
商隐兄弟，你儿子的名字想好没有？

李商隐
白老师……您别这么叫我……您比我大40岁呢！

白居易
小李子，这个称呼怎么样？

李忱
噗！怎么听起来像太监的名字。白老师你等着，等我一登基，我就请你出山当宰相。

元稹
"等我……就……"，一般这么说的，最终都会令人失望。

白居易
元弟弟，别这么说，李忱有这个心愿，我很感谢，就是不知道能不能活那么久。

韩愈
如果白老师没机会，我怎么样？@李忱

刘禹锡
韩老师对现在的岗位还不满意吗？

李忱
回头再说吧，我是白老师的粉丝，不是你的粉丝。@韩愈

韩愈
😳

来听故事吧

黄巢

一个落榜生的逆袭

姓　　名	黄巢
别　　名	黄王、冲天大将军
生　　卒	820-884 年
籍　　贯	山东菏泽
身　　份	盐商（后破产）、读书人（后落榜）、农民起义领袖

最喜欢的花　菊花

最骄傲的事　当过两年多皇帝

历史成就　极大消耗唐朝国力，令唐朝名存实亡

来听故事吧

会写诗的"失败者"

黄巢一家，祖上都是卖盐的，家里经济条件不错。这是一个成天乐呵呵的小少爷，只想过好小日子，从来没思考过国家、民族、公平那样的宏大主题。

但在学习方面，他抓得很紧，尤其喜欢骑马射箭。他的口才不是太好，但他后来找到了一个更顺畅的交流方式——写诗。

诗歌是唐代的国粹，估计只要不是文盲，谁都能来两句，不管他是贩夫走卒，还是青楼女子。

在诗人有些泛滥的大唐，虽然黄巢并不专业，但也有3首作品入选《全唐诗》。也就是说，他的诗，从专业角度看，写得不赖。俗话说，诗言志。小时候的志向，从他的作品里，可以一窥端倪。那不是一般的志向，大人听了都要哆嗦。

据说，黄巢只有5岁的时候，看到大人现场比赛飙诗。比赛间隙，他随口吟了一句："堪与百花为总首，自然天赐赭黄衣。"

黄巢的爸爸吓坏了，当场就捂住儿子的嘴巴，顺手打了下他的屁股。黄爸爸实在是害怕，怕别人抓小辫子、打小报告。

一个老头打圆场说："这孩子写诗有基础，但用词不当，给他个机会，让他再写一首吧！"小黄又即兴创作了《题菊花》：

飒飒西风满院栽，蕊寒香冷蝶难来。

他年我若为青帝，报与桃花一处开。

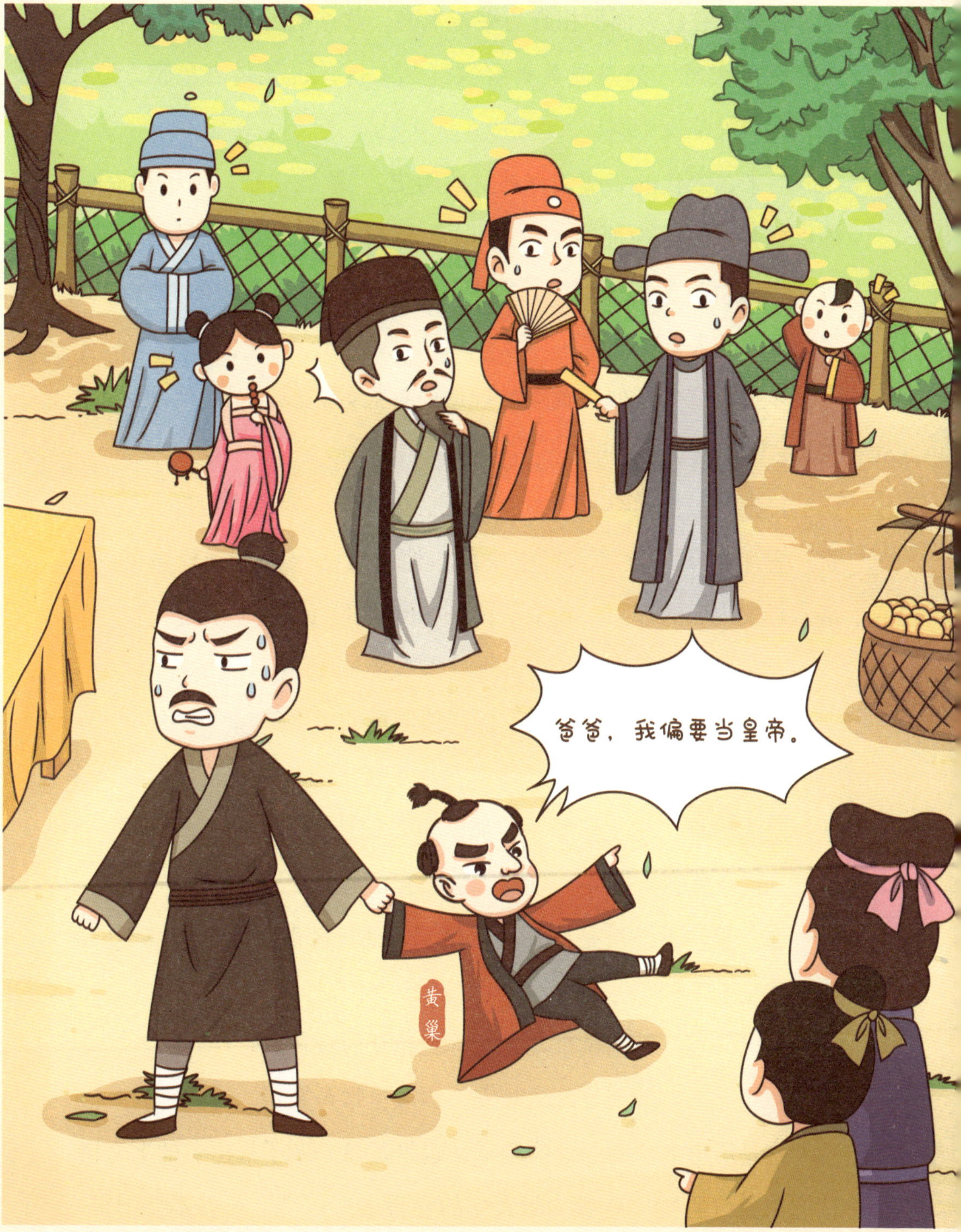
爸爸，我偏要当皇帝。
黄巢

在场所有成人面面相觑、呆若木鸡，黄爸爸更是吓得浑身发抖。两首诗的大意，都是说黄巢要做群龙之首，也就是当皇帝。这小子，出口就是反诗啊！

后来，宋代的张端义评述这段历史："跋扈之意，现于孩提时。加以数年，岂不为神器之大盗耶！"古代有诛心之罪，虽然黄巢在玩文字游戏，但如果这事让官府知道了，也就没有后面的黄巢了。多么凶险的人生啊！

多金，有才，似乎黄巢的前途一片大好。长大后，他却活不下去了。

首先，虽然他继承了家族的贩盐生意，但朝廷严厉打击私盐贩卖。青年黄巢失业了。家道中落，他的生活很艰苦，只得继续写诗，抒发内心的郁闷，其中一首是《自题像》：

记得当年草上飞，铁衣著尽著僧衣。

天津桥上无人识，独倚栏干看落晖。

有没有读出他的落寞和愤懑？他不甘平庸，认真复习，像大多数年轻人一样，走上了科举之路。可是很遗憾，他与考试无缘。考了好几次，复读好几年，红榜上总没有他的名字。

那一年，不知道是第几次落榜了，他满腔悲愤，写了《不第后赋菊》：

待到秋来九月八，我花开后百花杀。

冲天香阵透长安，满城尽带黄金甲。

这是历史上写菊的最佳篇章，也是黄巢一辈子最出名的七言诗，读起来杀气腾腾，就像一封人生的宣言书。可惜，长安不会记得一

黄巢　一个落榜生的逆袭

个无名的落榜生。

这个失意者的内心狂喊着:"总有一天,我要秒杀你们,成为你们的主宰!"

有些古人,是人生下半场才发力的。如果只算上半场,至少以下这些人都不会出现在史册上:司马懿、高适、哥舒翰、苏洵……

钻大唐空子的老头

机会来临的时候,黄巢已经年过半百。

中国历史上农民起义的发生有两个必要条件:一是人祸——皇帝高官们不管百姓死活,无所作为,还残酷剥削百姓;二是天灾。874年,大唐各地发生严重旱灾,最惨的是河南,粮食产量锐减,遍地灾民。

但在这种情况下,执政的唐懿宗依然"用兵不息,赋敛愈急",基层官员拼命瞒报,终于民怨沸腾,农民起义了!

第一个揭竿而起、后来成为农民起义领袖的,是王仙芝。王老师是河南濮阳人,也是盐贩子。

卖盐是很赚钱的。当时天下之赋,盐利过半。于是,朝廷要收回经营权,确保国库充盈。

王仙芝和朋友尚君长密谋后,觉得时机成熟,果断行动。当时群起响应的农民,达到几千人。他们用最土的战斗武器——锄头镰刀——毫不费力地攻下了附近几个县。

这里要特别交代一下，大唐自安史之乱后，已经虚有其表，国力一年不如一年。各地军阀拥兵自重的现象始终无法解决，士兵越来越多，朝廷又收不到税。收不到税，朝廷就没钱足额发放工资，也没有年终奖，各级官员基本上都在醉生梦死，"做一天和尚撞一天钟"。

如此氛围下，谁也不想拿命来拼，所以军队战斗力急剧下降。一般战斗刚打响，就有一半人当了逃兵，另一半人只是在战场上意思意思。所以，不是农民军能打，实在是官兵太惜命。

王仙芝找了几个读书人，创作了几篇讨伐檄文，大骂唐朝统治者太腐败，治灾不力，不得民心。看了王仙芝发布的文章，黄巢像个小伙子一样，热血沸腾，激动难耐。他跟几个儿子一商量，立马入伙。

彼时离他创作第一首反诗，已经过去半个世纪。

知道黄巢起事的消息后，前来投奔的人络绎不绝，短时间竟然有几千人。他大概没想到，自己会成为这次大起义中最出色的领导者。王仙芝和黄巢，一个在河南，一个在山东，为了集中优势力量，两军开始合并作战。

虽然这次大型起义很猛，但领导人身上的犹豫和迟疑一直如影随形。王仙芝一直想被朝廷招安，追着政府军不放，想投降。农民军，只是他手上的筹码。对王仙芝的做法，黄巢非常生气，二人的矛盾全面爆发。起义军重新分裂为两支，战斗力也急剧下降。

起义的第三年，投降分子王仙芝在黄梅兵败战死。黄巢成了当

黄巢　一个落榜生的逆袭

时天下起义军的唯一领导人，手下士兵数万。黄巢也许根本没想到，自己能一直打到京城长安，甚至当上皇帝。

他一边作战，一边却特别忧虑。他深刻体会到了王仙芝的难处，上马容易下马难。战斗无休无止，处境时好时坏，黄巢为时势所逼，走上了王仙芝的老路。

"不就是投降吗？我也会。"据统计，黄巢一生中4次投降朝廷，但每次时间不长，他就会反悔。

其中一次，他请求朝廷封自己做广州节度使，被拒绝。

这哪里是造反？简直是小孩过家家。

> 兄弟们！英雄不看出处，朝廷现在一个能打的人都没有，冲呀！

在艰苦的作战中，黄巢在业务上有了很大收获。如果说中国战争史上有流派，那黄巢就是游击战的先驱。短短几年间，黄巢率领起义军转战十几个省份，往返万余里。

著名历史学家黄仁宇总结说:"……黄巢渡过长江四次,黄河两次。这位历史上空前绝后的流寇发现唐帝国中有无数的罅(xià,裂缝)隙可供他自由来去。各处地方官员只顾本区的安全,从未构成一种有效的战略将他网罗。"

看来黄巢是个聪明人,特别了解大唐的弱点。他爱玩钻空子的游戏,最终居然还玩赢了。

中国历史上八次农民大起义

1. 陈胜、吴广起义:发生在秦朝末年的一次农民大起义,也是中国历史上第一次农民起义。最后以失败告终,但它点燃了反秦的大火,后来项羽和刘邦一起终结了秦朝的暴政。

2. 绿林起义:西汉末年发生的农民起义。17年,由新市(今湖北京山东北)人王匡、王凤组织,历史上称其"绿林军"。义军最终攻占洛阳、长安,篡权的王莽被乱刀砍死。

3. 黄巾起义:东汉末年,广大群众生活艰难,与封建国家和豪强地主的矛盾激化,出现了由张角领导的全国性农民起义。因起义军头戴黄巾为标志,史称"黄巾起义"。

4. 黄巢起义:发生在唐代末年,领导者为黄巢,义军提出"均平"的政治口号。起兵6年后,义军攻下长安,建立农民革命政权,国号"大齐"。起义虽被镇压,却促使唐朝不久灭亡。

黄巢 —个落榜生的逆袭

5. 宋江起义：发生在1119年至1121年的农民起义，宋江在山东梁山泊聚众反抗官府，抗击官军镇压。《水浒传》就是以这段历史原型创作而成。

6. 元末农民起义：发生在1351年至1367年的农民起义，旨在反抗元朝的暴政，代表将领有张士诚、陈友谅等人。朱元璋在各路起义军的角逐中胜出，最终开创明朝。

7. 白莲教起义：1796年至1804年，在湖北、四川、陕西三省，以白莲教为组织形式的农民反抗封建压迫的起义。这次起义使清朝元气大伤，此后清朝逐渐走向衰落。

8. 太平天国运动：发生在1851年至1864年的农民起义，是中国历史上规模最大的农民革命。其领袖"天王"洪秀全在天京（今江苏南京）创建农民政权，后因贪图享乐、不思进取，致使天京在1864年被湘军攻陷。

摧毁大唐的"走私犯"

880年冬，黄巢兵向长安，吓走了唐僖（xī）宗，并搞了个盛大的入城仪式。

数不清的士兵披头散发，身穿锦袍，腰束红绫。任何人，不管是什么来路，只要穿上土豪金，都会得到善待。沿途铺满了菊花，因为黄巢喜欢。真像一场万圣节的大派对。时称，"满城尽带黄金甲"。

入城式的主角在哪儿呢？八名未穿上衣的"健美先生"抬着镶金包铜的肩舆（yú，车中装东西的部分），身披龙鳞金甲、端坐其上的人正是黄巢。他的神情明显是经过控制的，严肃又自得。这是他一辈子的巅峰时刻。

恍惚间，他产生了一种错觉。整个大唐，包括李世民、武则天和李隆基，只不过是在为他的大齐王朝做准备。

在执政上，他并非草包一个，而是心中自有丘壑。比如，他让长安旧唐官员"三品以上停，四品以下还之"，即当时在职的唐朝三品以上高阶层官员一律停职，四品以下官员照常上班。他还派出大批使者到各地宣布赦书，敦促唐藩镇投降。

黄巢 一个落榜生的逆袭

可惜此后的两年多,他一直待在长安的深宫里,沉溺酒色,丝毫没有觉察到身边正在聚集的危险。有人说,他急于称帝,使天下军阀有了一个攻击目标。还有人说,他高估了自己的控制力,所以没有乘胜追击唐的残余势力。

起义军最高指挥机构宣布,大军刀枪入库,马放南山。黄巢打破了一个旧世界,却无法建设一个新世界。绞索已经悄悄套在了黄巢的脖子上。

在过了两年多的皇帝瘾后,882年,黄巢和他的小伙伴们被卷土重来的唐军赶出长安。撤退前,黄巢命令火烧长安,并大肆屠城。当时世界上最大最繁华的城市,由此没落。

著名思想家王夫之说:"亡汉者黄巾,而黄巾不能有汉;亡隋者群盗,而群盗不能有隋;亡唐者黄巢,而黄巢不能有唐。"

黄巢最后的结局也很悲惨,他是在被政府军和沙陀兵击败后,自杀的。还有关于他兵败后当了和尚的传说,不过这都是后人的幻想。他人生的最后一幕,与项羽神似。

他本想一洗这世界的污秽,可是没想到,自己创造了新的肮脏。在《新唐书》《旧唐书》等正史中,他被描述成著名的"杀人魔",比如880年,黄巢下令屠杀所有留在长安的李姓皇族,一个婴儿也不留下;881年,黄巢再进长安后,对百姓帮助唐军之事恨入骨髓,派士卒"洗城",血流成河。

御用文人写史,真是挺狠的。谁造反,就踩得谁永世不得翻身!

一个年少时即有理想的诗人，成了穷苦百姓的代言人，并如愿当了皇帝，却难逃历史的宿命，唯余一声叹息。

但在历史上，也只有黄巢有资格说："大唐，你的坟，我已经挖好了。"

如果当初大唐录取了盐商之子黄巢，还会有后来的杀戮吗？

传说：正月十五挂红灯

唐代末年，黄巢带领起义军北上，攻打浑城，围城3天攻不下来。

黄巢秘密入城打探，为一个老人所救。老人告诉了黄巢攻城的方法。

黄巢感动地说："老人家，你家有红纸吗？"

老人说："现成的没有，店铺里倒是能买到。"

黄巢说："你买几张红纸，扎个灯笼，正月十五挂在房檐上。"

黄巢走后，老人把消息传给邻居。一传十，十传百，不久全城的老百姓都知道了，家家买红纸扎灯笼。

正月十五晚上，黄巢带着五千精兵，摸过护城河，按老人所指的路悄悄入城，很快攻破城门。入城后，黄巢下令：凡是挂红灯笼的人家，起义军一律不入，确保屋内人平安。

自那以后，这个习俗便流传下来。每到正月十五，家家户户都挂红灯笼。

每打一场胜仗，
都是人生的一个
筹码。
黄巢
黄
黄
黄
黄
黄
我想当大元帅！
重要岗位都有人了，最多封你当个右将军。
我讨厌这帮傲慢的官老爷！
黄
黄
谁稀罕元帅？我要当皇帝。
长安

八卦对话

< 我花开时，百花杀

黄巢　王仙芝　唐僖宗　李克用　林言

黄巢
今天大家有空吗？聊聊天吧，我好寂寞。

唐僖宗
我怎么会在这个反贼的群里？我要退群！

李克用
皇上，我也在，我们看看黄巢想捣什么鬼。

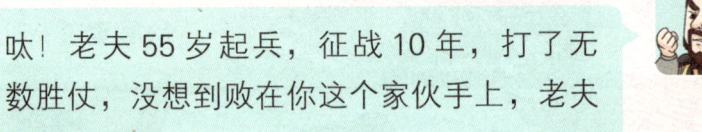

黄巢
呔！老夫55岁起兵，征战10年，打了无数胜仗，没想到败在你这个家伙手上，老夫不服！

李克用
不服有用吗？你逆天行事，必遭天谴。

黄巢 一个落榜生的逆袭

王仙芝：黄巢老弟，我早就提醒你要注意沙陀兵，他们的战斗力实在是太强了！

黄巢：王老师能少说两句吗？如果不是你摇摆不定，总想着投降，你也不会死得那么早。

唐僖宗：黄老贼，你算过吗？你杀了我大唐多少军人和百姓？你这个屠夫！

黄巢：你们杀的人还少吗？做大事总要付出代价。

李克用：民间都传说你杀人八百万，实在是太残忍了。你还是人吗？

唐僖宗：你不要否认，你就是原始社会的猴子，太血腥，不讲文明。

黄巢

如果你们做皇帝的、当官的多为百姓做点好事，我们哪会起事？实在是活不下去了呀，横竖都是一个死。我宁可站着死，也不跪着生。

唐僖宗

可怜我的长安城，就这样，被你毁了。

林言

黄舅舅做得好，我一辈子最幸运的就是参加了起义军。

李克用

开口就是谎言，不如做个哑巴。林言，你别忘了，最后是你杀死你舅舅的。

黄巢

不要吵了，趁这个机会揭秘一下，我是自杀的，就为了让外甥拿着我的人头去领赏，好好活下去。只是没想到，你们还是杀了我外甥，太狠毒了！

林言

舅舅，别提了。

黄巢　一个落榜生的逆袭

李克用
慈不掌兵，我沙陀兵不会对敌军手软的。

黄巢
所谓大唐，不过是纸老虎！我一辈子为贫苦百姓代言，此生无憾也！

来听故事吧

看过自信又豪奢的唐，
我们将迎来繁荣又悲壮的宋。
宋代的大咖们，
又有哪些个性和故事呢？

5分钟爆笑古人 宋代篇

敬请期待……